MÉTHODE

INGÉNIEUSE,

FRANÇAIS.

A NARBONNE,

Chez CAILLARD, Imprimeur-Libraire.

Prière de l'élève avant sa leçon.

---

† Au nom du Père, du Fils et du Saint-Esprit. Ainsi soit-il.

Sainte Croix, aidez-moi à bien apprendre ma Leçon, s'il vous plaît.

Au nom du Père, du Fils et du Saint-Esprit. Ainsi soit-il.

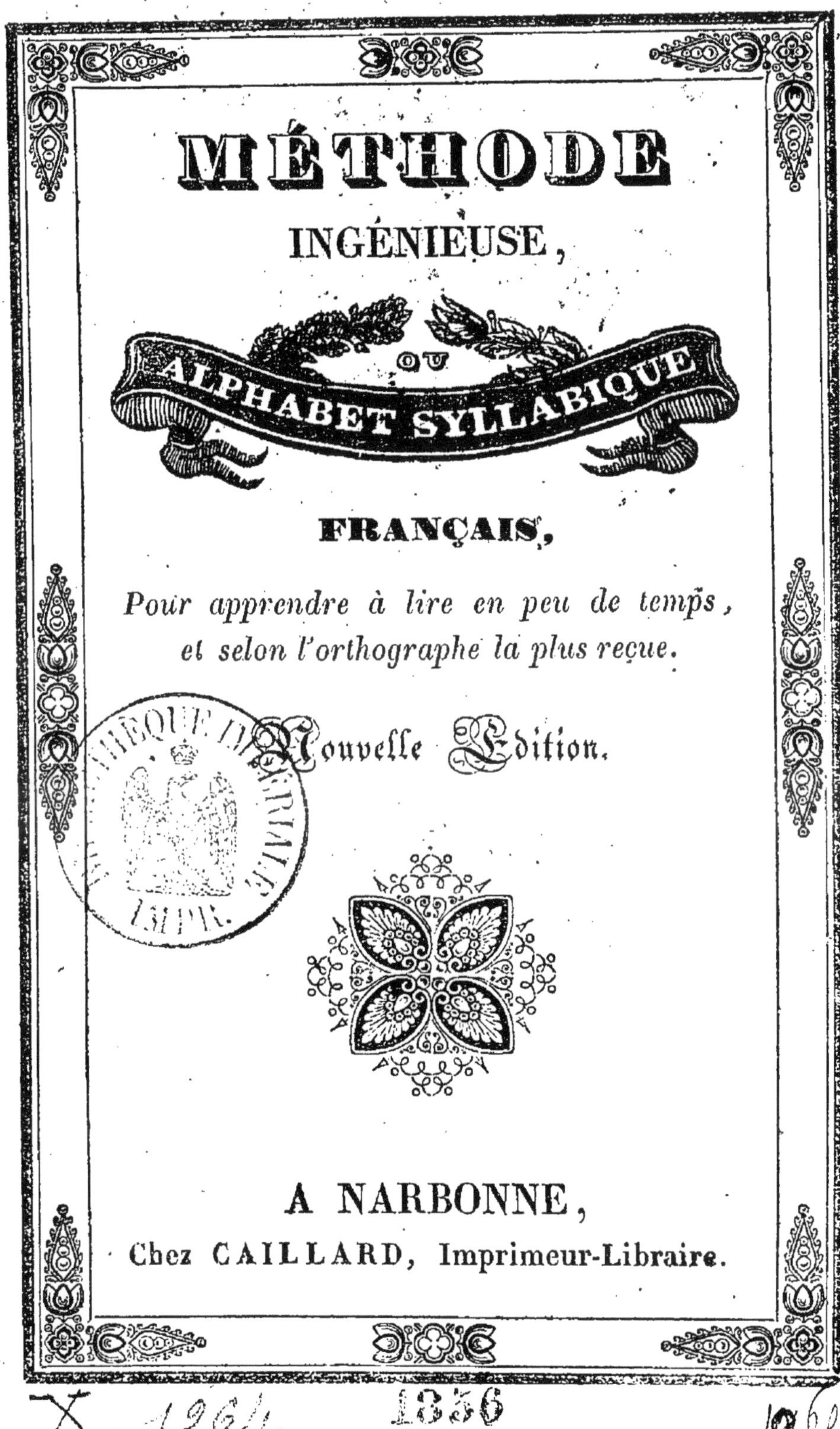

MÉTHODE

INGÉNIEUSE,

OU

ALPHABET SYLLABIQUE

FRANÇAIS,

Pour apprendre à lire en peu de temps, et selon l'orthographe la plus reçue.

Nouvelle Édition.

A NARBONNE,

Chez CAILLARD, Imprimeur-Libraire.

AVIS
AUX INSTITUTEURS.

La Méthode que nous offrons aujourd'hui aux Instituteurs se recommande assez d'elle-même par les choses qu'elle renferme et le système d'enseignement qui a présidé à sa rédaction, pour n'avoir besoin que d'être simplement annoncée.

Nous croyons néanmoins devoir appeler l'attention des personnes à qui sont confiés les premiers soins de l'éducation de la jeunesse, sur les tables placées en tête de l'ouvrage. Ces tables sont disposées de telle façon qu'après les premiers exercices qui ont appris à l'élève à connaître les lettres et par leur forme et par leur dénomination, arrivent successivement et progressivement des tables d'une, de deux, de trois, de quatre et de cinq syllabes, qui facilitent le grand travail de la connaissance des mots, travail qui se complète plus loin par le soin que nous avons mis à diviser chaque mot par syllabes à l'aide d'un trait d'union (-) et les mots entre eux par deux barres parallèles tombant perpendiculairement en cette forme (||), comme on le voit dans la ligne suivante :

Les || bon-nes || mé-tho-des || a-van-cent.

Nous ne saurions trop recommander aux instituteurs d'appliquer l'attention des Élèves à l'orthographe particulière de chaque mot. L'Élève accoutumera ainsi insensiblement sans travail son esprit à la physionomie des mots, et en même temps qu'il aura appris à les lire il saura, presque sans s'en douter, comment ils s'orthographient.

ALPHABET MORAL

EN VERS ACROSTICHES.

† CROIX de mon Rédempteur, signe du vrai chrétien,
Dirigez tous mes pas vers le souverain bien.
AMOUR ; ô quel grand bien quand c'est Dieu que l'on aime !
Amour ; ô quel grand mal quand on s'aime soi-même !
BEAUTÉ, fière beauté, qui triomphez de tous,
La vieillesse et la mort triompheront de vous.
COEURS glacés pour le ciel, cœurs ardents pour la terre,
L'éclat qui vous séduit n'est qu'un éclat de verre.
DAVID, de grand pécheur, devint grand pénitent ;
Pourquoi, sans différer, n'en fais-je pas autant ?
EVENTAIL, qui ne sers qu'à rafraîchir les belles,
T'auront-elles en main aux flammes éternelles ?
FILLES, retenez bien cette bonne leçon ;
C'est assez de savoir l'église et la maison.
GALANTISER n'est pas un terme bien honnête,
Il tient peu du chrétien, et trop de la coquette.
HOMMES, que le Seigneur n'a fait que pour les cieux,
Portez vers cet objet votre cœur et vos yeux.
IRIS, que vos appas vous coûteront de larmes ;
Un degré de vertu vaut plus que tous les charmes.
KEPLER, grand astronome, employa ses beaux jours
A suivre, à mesurer les astres dans leurs cours ;
Mais malgré son génie il ignora la route
Qui conduit au bonheur de la céleste voûte.
LES larmes de nos yeux coulent avec honneur,
Quand la haine du mal les arrache du cœur.
MOURIR bien, vivre mal ne se peuvent pas suivre,
Pour mourir saintement, il faut saintement vivre.
NE faire point du mal et pratiquer le bien,
Ce sont les deux devoirs d'un cœur vraiment chrétien.

OBLIGER promptement est un mot d'Alexandre :
Un bienfait est perdu quand on le fait attendre.
POURQUOI s'empresse-t-on pour acquérir du bien?
On peut posséder tout en ne désirant rien.
QUELQUE fier que l'on soit du nom de ses ancêtres,
La mort sait égaler les sujets et les maîtres.
RESTEZ dans votre chambre et n'allez point au bal :
qui fuit l'occasion, évitera le mal.
SOIS de tous les mortels le monarque suprême,
Que t'en restera-t-il si tu te perds toi-même.
TOUT n'est que vanité dans ce vaste univers :
Les monarques y sont la pâture des vers.
VAINCRE sa passion est une grande gloire;
C'est-là d'un cœur chrétien la plus belle victoire.
XERXÈS cria, dit-on, voyant l'armée aux champs :
Hélas! en moins de rien où seront tant de gens?
YEUX de mon doux Sauveur, vive source de flamme,
Par un de vos regards convertissez mon âme.
ZACHÉE était petit, mais son humilité,
Pour attirer JÉSUS, fut une qualité.

De ce saint Alphabet conservons la mémoire :
L'Hermite qui l'a fait dans son sacré désert,
L'ayant appris de Dieu, le consacre à sa gloire;
Trop heureux s'il lui plaît, plus heureux s'il le sert.

Hommage à la Divinité.

Esprits forts, aveuglés par l'orgueilleux système
Qui dit : Qu'est-ce que Dieu? l'humble Foi vous répond :
Loin de rien dire ici de cet Etre suprême,
Gardons, en l'adorant, un silence profond :
Le mystère est immense et l'esprit s'y confond;
Pour dire ce qu'il est il faut être lui-même.

TABLE
DES LETTRES DE L'ALPHABET
ET DE LEUR PRONONCIATION.

MINUSCULES		MAJUSCULES		PRONONCIATION
Romaines.	Italiques.	Romaines.	Italiques.	
a	*a*	A	*A*	
b	*b*	B	*B*	*be*
c	*c*	C	*C*	*ce que*
d	*d*	D	*D*	*de*
e	*e*	E	*E*	
f	*f*	F	*F*	*fe*
g	*g*	G	*G*	*ge gue*
h	*h*	H	*H*	*he*
i	*i*	I	*I*	
j	*j*	J	*J*	*je*
k	*k*	K	*K*	*ke*
l	*l*	L	*L*	*le*
m	*m*	M	*M*	*me*
n	*n*	N	*N*	*ne*
o	*o*	O	*O*	
p	*p*	P	*P*	*pe*
q	*q*	Q	*Q*	*que*
r	*r*	R	*R*	*re*
s	*s*	S	*S*	*se ze*
t	*t*	T	*T*	*te si*
u	*u*	U	*U*	
v	*v*	V	*V*	*ve*
x	*x*	X	*X*	*kzeg z ze*
y	*y*	Y	*Y*	*i ye*
z	*z*	Z	*Z*	*ze*

ALPHABET.

Lettres Ordinaires ou Minuscules.

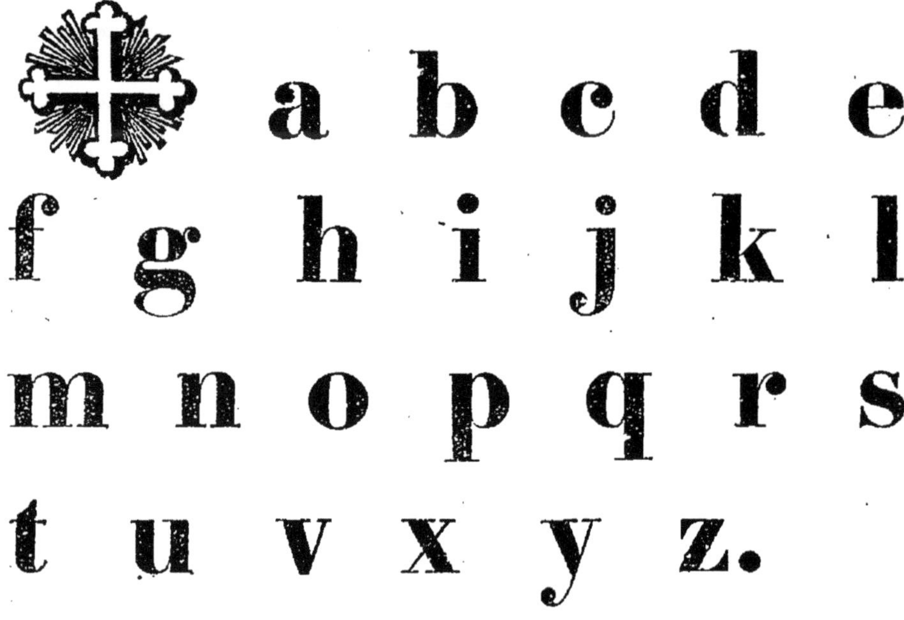

a b c d e

f g h i j k l

m n o p q r s

t u v x y z.

Lettres Capitales ou Majuscules.

A B C D E F G H

I J K L M N O P Q

R S T U V X Y Z.

LE SIGNE DE LA CROIX

Minuscules Romaines.

A a b c d e f g h i j k l m
n o p q r s t u v x y z.

Majuscules Romaines.

A B C D E F G H I J K L M
N O P Q R S T U V X Y Z.

Alphabet mêlé en Lettres Italiques majuscules et minuscules.

A b O d C f E l K c B a
M e G n C h S m I o L j P
r H q N s V y Q i F k J p
D t Y g R u Z v T x U z X.

Anglaise Minuscules et Majuscules.

a b c d e f g h i j k l m n o p q r s t u v x y z

A B C D E F G H I J K L M

N O P Q R S T U V X Y Z

Ronde Minuscules et Majuscules.

a b c d e f g h i j k l m n o p q r s t u v x y z.

A B C D E F G H I J K L M N O P

Q R S T U V X Y Z.

Gothique Minuscules et Majuscules.

a b c d e f g h i j k l m n o p q r s t u v x y z.

A B C D E F G H I J L M N O P

Q R S T U V X Y Z.

Sons ou Voyelles simples.

a e i *ou* **y o u.**

Voyelles accentuées.

Aiguë.......	é	*Graves*.....	à è ì ò ù
Circonflexes	â ê î ô û	*Tréma*.....	ë ï ü

Articulations ou Consonnes.

b c d f g h j k l m n p q
r s t v x z.

Lettres à double et triple valeur.

c g h s t x y.

Exemples :

c,	g,	h,
race, caye.	ange, grand.	harpe, charge.

s,	t,
anse, ruse.	gestion, oblation.

x,	y,
taxe, exemple, sixain.	moyen, mystère.

Lettres doubles.

ff fi fl ffi ffl w.

DIPHTHONGUES

Et principaux Sons composés, de la langue française.

e, ent. é, ai. è, aì. ê, aî.
ei, ai. aient. ea. am, em. an, en.

au, eau. eu, œu.
in, ain, ein, im, aim.
oe, oi, oin. om, on, eon. ou.
um, un. ui, uin.
ch. gn. ill. ph. ct. st.
æ, œ, ai, au, ei, eu, ay.

Exemples :

e, lune, | ent. aim*ent*. | é, bont*é*, | ai. chant*ai*

è, acc*è*s, | ai. m*ai*son. | ê, temp*ê*te, | aî, m*aî*tre, | ei, p*ei*ne,

ai. f*ai*ble. | aient. li*raient*. | ea. song*ea*. | am, *am*ple, | em. *em*pire.

an, *an*née, | en. *en*fant. | au, *au*teur, | eau. b*eau*. | eu, li*eu*, | œu. *œu*vre

in, l*in*, | ain, p*ain*, | ein, s*ein*, | im, *im*pie, | aim. f*aim*.

oe, m*oe*lle, | oi, l*oi*, | oin. s*oin*. | om, *om*bre, | on, *on*de, | eon. pig*eon*.

ou. courr*ou*x. | um, h*um*ble, | un. comm*un*. | ui, s*ui*te, | uin j*uin*.

ch. *ch*eval. | gn. vi*gn*e. | ill. pa*ill*e. | ph. *ph*rase. | ct. a*ct*e. | st. *st*oïcien.

Sons mouillés.

On mouille ordinairement les mots où l'*i* précède un *l* seul à la fin d'un mot, ou deux *ll* au milieu. *Exemples.*

ail,	aille,	eil,	eille,
m-*ail*.	m-*aille*.	rev-*eil*.	rev-*eille*.
euil,	euille,	ueil,	œil,
écur-*euil*.	v-*euille*.	éc-*ueil*.	*œil*.
illet,	ille,	ouil,	ouille,
œillet.	f-*ille*.	fen-*ouil*.	f-*ouille*.

Ponctuation et Signes.

Point................	[.]	Cédille sous un c....	[ç]
Virgule.............	[,]	Trait d'union........	[-]
Point-virgule........	[;]	Tiret...............	[—]
Deux points..........	[:]	Astérisque..........	[*]
Point d'interrogation.	[?]	Paragraphe..........	[§]
Point d'admiration...	[!]	Guillemet...........	[»]
Points suspensifs.....	[...]	Paranthèses.........	( )
Apostrophe..........	[']	Crochets............	[ ]

Abréviations usuelles.

Exemple............	Ex.	Négociant.........	Nég.[t]
Primo, secondo.....	1°, 2°.	Et Compagnie.....	et Cie
Premier, deuxième..	1er, 2e.	Département.. ...	Dép.[t]
Numéro............	N.°	Monsieur	M. *ou* M.[r]
Nota bene.........	N. B.	Madame..........	Mme
Post scriptum......	P. S.	Mademoiselle.....	Mlle
Le sieur..........	le S.[r]	Monseigneur......	Mgr
Docteur...........	D.[r]	Sa Majesté........	S. M.
Docteur médecin....	D. M.	Notre-Dame.......	N.-D
Maître.............	M.[e]	Jésus-Christ.......	J.-C.
Marchand..........	M.[d]	Et cætera.........	etc.

Syllabes.

ba be bé bè bê bi bo bu.
ca ce cé cè cê ci co cu.
da de dé dè dê di do du.
fa fe fé fè fê fi fo fu.
ga ge gé gè gê gi go gu.
ha he hé hè hê hi ho hu.
ja je jé jè jê ji jo ju.
la le lé lè lê li lo lu.
ma me mé mè mê mi mo mu.
na ne né nè nê ni no nu.
pa pe pé pè pê pi po pu.
qua que qué què quê qui quo quu.
ra re ré rè rê ri ro ru.
sa se sé sè sê si so su.
ta te té tè tê ti to tu.
va ve vé vè vê vi vo vu.
xa xe xé xè xê xi xo xu.
za ze zé zè zê zi zo zu.

Autres Syllabes.

ab	ad	af	al	am	an	at	au
bac	bal	bam	ban	bar	bas	bat	bau
cab	cal	cam	can	car	cas	cat	cau
dac	dal	dam	dan	dar	das	dat	dau
eb	el	em	en	er	es	et	eu
fac	fal	fam	fan	far	fas	fat	fau
gac	gel	gam	gen	ger	ges	get	gau
hac	hal	hem	hen	her	hes	het	hau
jac	jal	jam	jen	jer	jes	jet	jau
kac	kal	kam	kan	kar	kas	kat	kau
lac	lal	lam	lan	ler	les	lat	lau
mac	mal	mam	man	mar	mas	mat	mau
nac	nal	nam	nan	ner	nes	nat	nau
oc	ol	om	on	or	os	ot	ou
pac	pal	pam	pan	par	pas	pat	pau
quac	qual	quam	quan	quor	quos	quat	quau
rac	ral	ram	ren	ror	ras	rat	rau
sac	sed	sam	sen	sor	sas	sat	sau
tac	taf	tam	ten	tor	tas	tat	tau
vac	vec	vic	voc	vom	ven	vaf	vou
xac	xec	xic	xoc	xom	xen	xaf	xou
zac	zec	zic	zoc	zom	zen	zaf	zou

Syllabes et Monosyllabes.

A-n, an.
a-il, ail.
a-rc, arc.
a-rt, art.
b-ail, bail.
b-ain, bain.
b-eau, beau
b-ien, bien.
b-ois, bois.
c-ar, car.
c-ap, cap.
c-eint, ceint.
c-ours, cours.
c-œur, cœur.
c-oin, coin
d-aim, daim.
d-euil, deuil.
D-ieu, Dieu.
d-oigts, doigts.
d-ur, dur.
f-aux, faux.
f-ain, fain.
f-ait, fait.
f-oin, foin.
g-ai, gai.
g-ain, gain.
g-uet, guet.
g-oût, goût.
h-aut, haut
h-oux, houx.
h-uit, huit.
J-ean, Jean.
j-eu, jeu.
j-our, jour.
j-oug, joug.
* l-aid, laid.
m-iel, miel.
n-oir, noir.
p-eur, peur.
q-uand, quand

Mots de deux Syllabes.

Ai-mer.
ai-mant.
ai-ment.
ai-mait.
ai-maient.

Boi-re.
bu-vant.
boi-vent.
bu-vait.
bu-vaient.

Chan-ter.
chan-tant.
chan-tent.
chan-tait.
chan-taient.

Don-ner.
don-nant.
don-nent.
don-nait.
don-naient.

En-fler.
en-flant.
en-flent.
en-flait.
en-flaient

Fi-ler.
fi-lant.
fi-lent.
fi-lait.
fi-laient.

Ga-gner.
ga-gnant.
ga-gnent.
ga-gnait.
ga-gnaient.

Han-ter.
han-tant.
han-tent.
han-tait.
han-taient.

Mots de trois Syllabes.

A-bat-tre.
a-bat-tant.
a-bat-tent.
a-bat-tait.
a-bat-taient.

Ba-lan-cer.
ba-lan-çant.
ba-lan-cent.
ba-lan-çait.
ba-lan-çaient.

Châ-ti-er.
châ-ti-ant.
châ-ti-ent.
châ-ti-ait.
châ-ti-aient.

Dé-li-vrer.
dé-li-vrant.
dé-li-vrent.
dé-li-vrait.
dé-li-vraient.

Ef-fa-cer.
ef-fa-çant.
ef-fa-cent.
ef-fa-çait.
ef-fa-çaient.

Fa-bri-quer.
fa-bri-quant.
fa-bri-quent.
fa-bri-quait.
fa-bri-quaient.

Gou-ver-ner.
gou-ver-nant.
gou-ver-nent.
gou-ver-nait.
gou-ver-naient.

Ha-bi-ter.
ha-bi-tant.
ha-bi-tent.
ha-bi-tait.
ha-bi-taient.

Mots de quatre Syllabes.

Ac-cou-tu-mer.
ac-cou-tu-mant.
ac-cou-tu-ment.
ac-cou-tu-mait.
ac-cou-tu-maient.

Bal-bu-ti-er.
bal-bu-ti-ant.
bal-bu-ti-ent.
bal-bu-ti-ait.
bal-bu-ti-aient.

Ca-ra-co-ler.
ca-ra-co-lant.
ca-ra-co-lent.
ca-ra-co-lait.
ca-ra-co-laient.

Dé-mé-na-ger.
dé-mé-na-geant.
dé-mé-na-gent.
dé-mé-na-geait.
dé-mé-na-geaient.

E-cha-fau-der.
é-cha-fau-dant.
é-cha-fau-dent.
é-cha-fau-dait.
é-cha-fau-daient.

Fé-li-ci-ter.
fé-li-ci-tant.
fé-li-ci-tent
fé-li-ci-tait.
fé-li-ci-taient.

Gar-ga-ri-ser.
gar-ga-ri-sant.
gar-ga-ri-sent.
gar-ga-ri-sait.
gar-ga-ri-saient.

Ha-bi-tu-er.
ha-bi-tu-ant.
ha-bi-tu-ent.
ha-bi-tu-ait.
ha-bi-tu-aient.

Mots de cinq Syllabes.

Af-fec-ti-on-ner.
af-fec-ti-on-nant.
af-fec-ti-on-nent.
af-fec-ti-on-nait.
af-fec-ti-on-naient.

Bé-né-fi-ci-er.
bé-né-fi-ci-ant.
bé-né-fi-ci-ent.
bé-né-fi-ci-ait.
bé-né-fi-ci-aient.

Ca-pa-ra-çon-ner.
ca-pa-ra-çon-nant.
ca-pa-ra-çon-nent.
ca-pa-ra-çon-nait.
ca-pa-ra-çon-naient

Di-ver-si-fi-er.
di-ver-si-fi-ant.
di-ver-si-fi-ent.
di-ver-si-fi-ait.
di-ver-si-fi-aient.

En-ré-gi-men-ter.
en-ré-gi-men-tant.
en-ré-gi-men-tent
en-ré-gi-men-tait.
en-ré-gi-men-taient.

Im-mor-ta-li-ser.
im-mor-ta-li-sant.
im-mor-ta-li-sent.
im-mor-ta-li-sait.
im-mor-ta-li-saient.

Oc-ca-si-on-ner.
oc-ca-si-on-nant.
oc-ca-si-on-nent.
oc-ca-si-on-nait.
oc-ca-si-on-naient.

Pré-dé-ter-mi-ner.
pré-dé-ter-mi-nant.
pré-dé-ter-mi-nent.
pré-dé-ter-mi-nait.
pré-dé-ter-mi-naient.

L'O-RAI-SON

DO-MI-NI-CA-LE.

No-tre ‖ Pè-re ‖ qui ‖ ê-tes ‖ aux cieux ‖ que ‖ vo-tre ‖ nom ‖ soit ‖ sanc-ti-fi-é ‖ que ‖ vo-tre ‖ rè-gne ‖ ar-ri-ve que ‖ vo-tre ‖ vo-lon-té ‖ soit ‖ fai-te en ‖ la ‖ ter-re ‖ com-me ‖ au ‖ ciel don-nez ‖ nous ‖ au-jour-d'hui ‖ no-tre ‖ pain ‖ quo-ti-di-en ‖ par-don-nez nous ‖ nos ‖ of-fen-ses ‖ com-me ‖ nous les ‖ par-don-nons ‖ à ‖ ceux ‖ qui nous ‖ ont ‖ of-fen-sés ‖ et ‖ ne ‖ nous lais-sez ‖ point ‖ suc-com-ber ‖ à ‖ la ten-ta-ti-on ‖ mais ‖ dé-li-vrez ‖ nous du ‖ mal. ‖ Ain-si ‖ soit-il.

La ‖ Sa-lu-ta-ti-on ‖ An-gé-li-que.

Je ‖ vous ‖ sa-lu-e ‖ Ma-ri-e ‖ plei-ne de ‖ grâ-ce ‖ le ‖ Sei-gneur ‖ est ‖ a-vec vous ‖ vous ‖ ê-tes ‖ bé-ni-e ‖ en-tre tou-tes ‖ les ‖ fem-mes ‖ et ‖ Jé-sus ‖ le fruit ‖ de ‖ vo-tre ‖ ven-tre ‖ est ‖ bé-ni Sain-te ‖ Ma-ri-e ‖ mè-re ‖ de ‖ Dieu pri-ez ‖ pour ‖ nous ‖ pau-vres ‖ pé-cheurs ‖ main-te-nant ‖ et ‖ à ‖ l'heu-re de ‖ no-tre ‖ mort. ‖ Ain-si ‖ soit-il.

Le ‖ Sym-bo-le ‖ des ‖ A-pô-tres

Je ‖ crois ‖ en ‖ Dieu ‖ le ‖ Pè-re Tout ‖ Puis-sant ‖ cré-a-teur ‖ du ‖ ciel et ‖ de ‖ la ‖ ter-re ‖ et ‖ en ‖ Jé-sus-Christ ‖ son ‖ fils ‖ u-ni-que ‖ no-tre Sei-gneur ‖ qui ‖ a ‖ é-té ‖ con-çu ‖ du Saint ‖ Es-prit ‖ est ‖ né ‖ de ‖ la ‖ Vier-ge Ma-ri-e ‖ a ‖ souf-fert ‖ sous ‖ Pon-ce Pi-la-te ‖ a ‖ é-té ‖ cru-ci-fi-é ‖ est ‖ mort a ‖ é-té ‖ en-se-ve-li ‖ est ‖ des-cen-du aux ‖ en-fers ‖ le ‖ troi-si-è-me ‖ jour est ‖ res-sus-ci-té ‖ des ‖ morts ‖ est mon-té ‖ aux ‖ cieux ‖ est ‖ as-sis ‖ à la ‖ droi-te ‖ de ‖ Dieu ‖ le ‖ Pè-re ‖ tout puis-sant ‖ d'où ‖ il ‖ vien-dra ‖ ju-ger les ‖ vi-vants ‖ et ‖ les ‖ morts.

Je ‖ crois ‖ au ‖ Saint ‖ Es-prit ‖ à la ‖ Sain-te ‖ É-gli-se ‖ Ca-tho-li-que la ‖ Com-mu-ni-on ‖ des ‖ Saints ‖ la ré-mis-si-on ‖ des ‖ pé-chés ‖ la ‖ ré-sur-rec-ti-on ‖ de ‖ la ‖ chair ‖ la ‖ vi-e é-ter-nel-le. ‖ Ain-si ‖ soit-il.

La ‖ Con-fes-si-on ‖ des ‖ pé-chés.

Je ‖ me ‖ con-fes-se ‖ à ‖ Dieu ‖ Tout Puis-sant ‖ à ‖ la ‖ bien-heu-reu-se Ma-ri-e ‖ tou-jours ‖ Vier-ge ‖ à ‖ Saint Mi-chel ‖ Ar-chan-ge ‖ à ‖ Saint ‖ Jean Bap-tis-te ‖ aux ‖ A-pô-tres ‖ Saint Pier-re ‖ et ‖ Saint ‖ Paul ‖ à ‖ tous les ‖ Saints ‖ et ‖ à ‖ vous ‖ mon ‖ Pè-re par-ce ‖ que ‖ j'ai ‖ pé-ché ‖ par ‖ pen-sé-es ‖ par ‖ pa-ro-les ‖ et ‖ par ‖ ac-ti-ons ‖ c'est ‖ par ‖ ma ‖ fau-te ‖ je m'en ‖ sens ‖ cou-pa-ble ‖ je ‖ m'en re-con-nais ‖ très ‖ cou-pa-ble ‖ c'est pour-quoi ‖ je ‖ sup-pli-e ‖ la ‖ bien-heu-reu-se ‖ Ma-ri-e ‖ tou-jours Vier-ge ‖ Saint ‖ Mi-chel ‖ Ar-chan-ge ‖ Saint ‖ Jean ‖ Bap-tis-te ‖ les A-pô-tres ‖ Saint ‖ Pier-re ‖ et ‖ Saint Paul ‖ tous ‖ les ‖ Saints ‖ et ‖ vous mon ‖ Pè-re ‖ de ‖ pri-er ‖ pour ‖ moi no-tre ‖ Sei-gneur ‖ no-tre ‖ Dieu. Ain-si ‖ soit-il.

Que ‖ le ‖ Dieu ‖ Tout ‖ Puis-sant nous ‖ fas-se ‖ mi-sé-ri-cor-de ‖ qu'il nous ‖ par-don-ne ‖ nos ‖ pé-chés et ‖ nous ‖ con-dui-se ‖ à ‖ la ‖ vi-e é-ter-nel-le. ‖ Ain-si ‖ soit-il.

Que ‖ le ‖ Sei-gneur ‖ Tout ‖ Puis-sant ‖ et ‖ mi-sé-ri-cor-di-eux ‖ nous don-ne ‖ in-dul-gen-ce ‖ ab-so-lu-ti-on et ‖ ré-mis-si-on ‖ de ‖ tous ‖ nos ‖ pé-chés. ‖ Ain-si ‖ soit-il.

Com-man-de-ments ‖ de ‖ Dieu.

1. Un ‖ seul ‖ Dieu ‖ tu ‖ a-do-re-ras
   Et ‖ ai-me-ras ‖ par-fai-te-ment.
2. Dieu ‖ en ‖ vain ‖ tu ‖ ne ‖ ju-re-ras
   Ni ‖ au-tre ‖ cho-se ‖ pa-reil-le-ment.

3. Les ‖ di-man-ches ‖ tu ‖ gar-de-ras
En ‖ ser-vant ‖ Dieu ‖ dé-vo-te-ment.
4. Tes ‖ pè-re ‖ et ‖ mè-re ‖ ho-no-re-ras.
Pour ‖ que ‖ tu ‖ vi-ves ‖ lon-gue-ment.
5. Ho-mi-ci-de ‖ point ‖ ne ‖ se-ras.
De ‖ fait ‖ ni ‖ vo-lon-tai-re-ment.
6. Lu-xu-ri-eux ‖ point ‖ ne ‖ se-ras.
De ‖ corps ‖ ni ‖ de ‖ con-sen-te-ment.
7. Le ‖ bien ‖ d'au-trui ‖ tu ‖ ne ‖ pren-dras.
Ni ‖ re-tien-dras ‖ à ‖ ton ‖ es-cient.
8. Faux ‖ té-moi-gna-ge ‖ ne ‖ di-ras
Ni ‖ men-ti-ras ‖ au-cu-ne-ment.
9. L'œu-vre ‖ de ‖ la ‖ chair ‖ ne ‖ dé-si-re-ras
Qu'en ‖ ma-ri-a-ge ‖ seu-le-ment.
10. Biens ‖ d'au-trui ‖ ne ‖ con-voi-te-ras
Pour ‖ les ‖ a-voir ‖ in-jus-te-ment.

Com-man-de-ments ‖ de ‖ l'É-gli-se.

1. Les ‖ di-man-ches ‖ mes-se ‖ ou-ï-ras
Et ‖ Fê-tes ‖ de ‖ com-man-de-ment.
2. Tous ‖ tes ‖ pé-chés ‖ con-fes-se-ras
A ‖ tout ‖ le ‖ moins ‖ u-ne ‖ fois ‖ l'an.
3. Ton ‖ Cré-a-teur ‖ tu ‖ re-ce-vras
Au ‖ moins ‖ à ‖ Pâ-ques ‖ hum-ble-ment.

4. Les ‖ Fê-tes ‖ tu ‖ sanc-ti-fi-e-ras
Qui ‖ te ‖ sont ‖ de ‖ com-man-de-ment.
5. Qua-tre ‖ temps ‖ vi-gi-les ‖ jeû-ne-ras
Et ‖ le ‖ ca-rê-me ‖ en-ti-è-re-ment.
6. Ven-dre-di ‖ chair ‖ ne ‖ man-ge-ras
Ni ‖ le ‖ sa-me-di ‖ mê-me-ment.
7. Hors ‖ le ‖ temps ‖ nô-ces ‖ ne ‖ fe-ras.

Bé-né-dic-ti-on ‖ a-vant ‖ le ‖ re-pas.

Sei-gneur ‖ bé-nis-sez ‖ nous ‖ a-vec la ‖ nour-ri-tu-re ‖ que ‖ nous ‖ al-lons pren-dre. ‖ Au ‖ nom ‖ du ‖ Pè-re ‖ et du ‖ Fils ‖ et ‖ du ‖ Saint ‖ Es-prit. Ain-si ‖ soit-il.

Ac-ti-on ‖ de ‖ grâ-ces ‖ a-près ‖ le ‖ re-pas.

Nous ‖ vous ‖ ren-dons ‖ grâ-ces ‖ de tous ‖ vos ‖ bien-faits ‖ ô ‖ Roi ‖ Dieu Tout ‖ Puis-sant ‖ qui ‖ vi-vez ‖ et ‖ ré-gnez dans ‖ tous ‖ les ‖ si-è-cles ‖ des ‖ si-è-cles Ain-si ‖ soit-il.

LES

SEPT ‖ PSAU-MES

DE ‖ LA ‖ PÉ-NI-TEN-CE.

Ant. ‖ Ne ‖ vous ‖ res-sou-ve-nez ‖ point.

Psau-me ‖ 6.

Sei-gneur ‖ ne ‖ me ‖ re-pre-nez ‖ pas dans ‖ vo-tre ‖ fu-reur ‖ et ‖ ne ‖ me cor-ri-gez ‖ pas ‖ dans ‖ le ‖ fort ‖ de vo-tre ‖ co-lè-re.

A-yez ‖ pi-ti-é ‖ de ‖ moi ‖ Sei-gneur par-ce ‖ que ‖ je ‖ suis ‖ fai-ble ‖ Sei-gneur ‖ gué-ris-sez ‖ moi ‖ car ‖ mes os ‖ sont ‖ tous ‖ é-bran-lés.

Mon ‖ â-me ‖ en ‖ est ‖ a-bat-tu-e de ‖ tris-tes-se ‖ mais ‖ vous ‖ Sei-gneur jus-ques ‖ à ‖ quand ‖ dif-fé-re-rez ‖ vous ma ‖ gué-ri-son.

Tour-nez ‖ vos ‖ yeux ‖ sur ‖ moi Sei-gneur ‖ et ‖ sau-vez ‖ mon ‖ â-me de ‖ tous ‖ dan-gers ‖ dé-li-vrez ‖ moi par ‖ vo-tre ‖ mi-sé-ri-cor-de.

Car ‖ qui ‖ se ‖ sou-vien-dra ‖ de vous ‖ par-mi ‖ les ‖ morts ‖ et ‖ qui vous ‖ lou-e-ra ‖ dans ‖ les ‖ en-fers.

Je ‖ me ‖ suis ‖ tour-men-té ‖ tou-tes les ‖ nuits ‖ dans ‖ mes ‖ gé-mis-se-ments jus-qu'à ‖ bai-gner ‖ mon ‖ lit ‖ et ar-ro-ser ‖ ma ‖ cou-che ‖ de ‖ mes lar-mes.

Les ‖ dou-leurs ‖ m'ont ‖ fait ‖ pleu-rer jus-qu'à ‖ per-dre ‖ les ‖ yeux ‖ j'ai ‖ vieil-li ‖ au ‖ mi-lieu ‖ de ‖ mes ‖ en-ne-mis.

Re-ti-rez ‖ vous ‖ de ‖ moi ‖ vous ‖ qui com-met-tez ‖ l'i-ni-quité ‖ car ‖ Dieu a ‖ ex-au-cé ‖ la ‖ voix ‖ de ‖ mes ‖ pleurs.

Le ‖ Sei-gneur ‖ a ‖ ex-au-cé ‖ ma pri-è-re ‖ le ‖ Sei-gneur ‖ a ‖ re-çu ‖ ma de-man-de.

Que ‖ tous ‖ mes ‖ en-ne-mis ‖ soient dans ‖ u-ne ‖ é-mo-ti-on ‖ con-ti-nu-el-le ‖ qu'ils ‖ s'en ‖ re-tour-nent ‖ cou-verts

de ‖ hon-te ‖ et ‖ de ‖ con-fu-si-on.
Gloi-re ‖ soit ‖ au ‖ Pè-re ‖ etc.

Psau-me ‖ 31.

Bien-heu-reux ‖ sont ‖ ceux ‖ à ‖ qui les ‖ i-ni-qui-tés ‖ sont ‖ par-don-né-es et ‖ dont ‖ les ‖ pé-chés ‖ sont ‖ cou-verts.

Bien-heu-reux ‖ est ‖ l'hom-me ‖ à qui ‖ Dieu ‖ n'im-pu-te ‖ point ‖ sa fau-te ‖ et ‖ dont ‖ l'es-prit ‖ est ‖ sans dé-gui-se-ment.

Par-ce ‖ que ‖ je ‖ me ‖ suis ‖ tu ‖ mes os ‖ se ‖ sont ‖ ca-ri-és ‖ au ‖ mi-lieu des ‖ cris ‖ que ‖ j'ai ‖ je-tés ‖ pendant tout ‖ le ‖ jour.

Vo-tre ‖ main ‖ s'est ‖ ap-pe-san-ti-e sur ‖ moi ‖ le ‖ jour ‖ et ‖ la ‖ nuit ‖ la dou-leur ‖ que ‖ je ‖ res-sen-tais ‖ m'a des-sé-ché ‖ com-me ‖ l'her-be ‖ du-rant les ‖ cha-leurs ‖ de ‖ l'é-té.

Je ‖ vous ‖ ai ‖ con-fes-sé ‖ hau-te-ment ‖ mon ‖ of-fen-se ‖ et ‖ je ‖ ne vous ‖ ai ‖ point ‖ te-nu ‖ mon i-ni-qui-té ‖ ca-ché-e.

J'ai ‖ dit ‖ dans ‖ mon ‖ â-me ‖ je ‖ dé-cla-re-rai ‖ con-tre ‖ moi ‖ mê-me mon ‖ pé-ché ‖ au ‖ Sei-gneur ‖ et vous ‖ a-vez ‖ re-mis ‖ la ‖ pei-ne ‖ de mon ‖ pé-ché.

Ce-la ‖ por-te-ra ‖ tous ‖ les ‖ Saints à ‖ vous ‖ a-dres-ser ‖ leurs ‖ pri-è-res dans ‖ le ‖ temps ‖ fa-vo-ra-ble.

Et ‖ quand ‖ mê-me ‖ un ‖ dé-lu-ge d'eau ‖ i-non-de-rait ‖ la ‖ ter-re ‖ ils n'en ‖ se-raient ‖ point ‖ é-bran-lés.

Vous ‖ ê-tes ‖ mon ‖ a-si-le ‖ con-tre les ‖ ad-ver-si-tés ‖ qui ‖ m'en-vi-ron-nent ‖ vous ‖ qui ‖ ê-tes ‖ ma ‖ joie ‖ dé-li-vrez ‖ moi ‖ des ‖ maux ‖ qui ‖ m'en-vi-ron-nent ‖ de ‖ tous ‖ cô-tés.

Je ‖ vous ‖ don-ne-rai ‖ l'in-tel-li-gen-ce ‖ et ‖ je ‖ vous ‖ mon-tre-rai le ‖ che-min ‖ où ‖ vous ‖ de-vez ‖ mar-cher ‖ et ‖ j'au-rai ‖ les ‖ yeux ‖ sur vo-tre ‖ con-dui-te.

Ne ‖ de-ve-nez ‖ point ‖ sem-bla-ble au ‖ che-val ‖ et ‖ au ‖ mu-let ‖ qui n'ont ‖ point ‖ d'en-ten-de-ment

Vous ‖ leur ‖ met-tez ‖ le ‖ mors et ‖ la ‖ bri-de ‖ de ‖ peur ‖ qu'ils ne ‖ vous ‖ mor-dent ‖ et ‖ ne ‖ ru-ent con-tre ‖ vous.

Les ‖ mé-chants ‖ se-ront ‖ ac-ca-blés de ‖ maux ‖ mais ‖ la ‖ mi-sé-ri-cor-de du ‖ Sei-gneur ‖ se-ra ‖ le ‖ par-ta-ge de ‖ ceux ‖ qui ‖ es-pè-rent ‖ en ‖ lui.

Ré-jou-is-sez ‖ vous ‖ dans ‖ le Sei-gneur ‖ hom-mes ‖ jus-tes ‖ et glo-ri-fi-ez ‖ vous ‖ en ‖ lui ‖ vous qui ‖ a-vez ‖ le ‖ cœur ‖ droit.

Gloi-re ‖ soit ‖ au ‖ Pè-re ‖ etc.

Psau-me ‖ 37.

Sei-gneur ‖ ne ‖ me ‖ re-pre-nez pas ‖ dans ‖ vo-tre ‖ fu-reur ‖ et ‖ ne me ‖ cor-ri-gez ‖ pas ‖ dans ‖ le ‖ fort de ‖ vo-tre ‖ co-lè-re.

Car ‖ j'ai ‖ sen-ti ‖ les ‖ traits ‖ de vo-tre ‖ co-lè-re ‖ et ‖ vo-tre ‖ main s'est ‖ ap-pe-san-ti-e ‖ sur ‖ moi.

Ma ‖ chair ‖ cou-ver-te ‖ de ‖ plai-es

é-prou-ve ‖ les ‖ ef-fets ‖ de ‖ vo-tre co-lè-re ‖ et ‖ mes ‖ os ‖ ne ‖ pren-nent au-cun ‖ re-pos ‖ à ‖ la ‖ vu-e ‖ de mes ‖ pé-chés.

Car ‖ il ‖ est ‖ vrai ‖ que ‖ mes ‖ i-ni-qui-tés ‖ me ‖ noi-ent ‖ et ‖ se ‖ sont é-le-vé-es ‖ par ‖ des-sus ‖ ma ‖ tê-te et ‖ com-me ‖ un ‖ far-deau ‖ pe-sant el-les ‖ m'ac-ca-blent ‖ sous ‖ leurs ‖ faix.

Mes ‖ ci-ca-tri-ces ‖ se ‖ sont ‖ en-vieil-li-es ‖ et ‖ ont ‖ dé-gé-né-ré ‖ par ma ‖ fo-li-e ‖ en ‖ u-ne ‖ cor-rup-ti-on sans ‖ re-mè-de.

É-tant ‖ ain-si ‖ de-ve-nu ‖ mi-sé-ra-ble ‖ et ‖ cour-bé ‖ sous ‖ les ‖ en-nuis ‖ je ‖ che-mi-ne ‖ tout ‖ le ‖ jour a-vec ‖ u-ne ‖ gran-de ‖ tris-tes-se.

Mes ‖ reins ‖ sont ‖ rem-plis ‖ d'il-lu-si-ons ‖ et ‖ je ‖ n'ai ‖ au-cu-ne par-ti-e ‖ de ‖ mon ‖ corps ‖ où ‖ je ‖ ne souf-fre.

Je ‖ suis ‖ si ‖ fort ‖ af-fli-gé ‖ et a-bais-sé ‖ qu'au ‖ lieu ‖ de ‖ plain-tes mon ‖ cœur ‖ n'ex-pri-me ‖ sa ‖ dou-leur ‖ que ‖ par ‖ des ‖ hur-le-ments.

Sei-gneur ‖ vous ‖ vo-yez ‖ tou-tes mes ‖ in-ten-ti-ons ‖ mes ‖ pleurs ‖ et mes ‖ gé-mis-se-ments ‖ ne ‖ vous ‖ sont point ‖ ca-chés.

Mon ‖ cou-ra-ge ‖ s'é-ton-ne ‖ je ‖ n'ai plus ‖ ni ‖ for-ce ‖ ni ‖ vi-gueur ‖ mes yeux ‖ a-veu-glés ‖ par ‖ mes ‖ lar-mes n'a-per-çoi-vent ‖ plus ‖ de ‖ clar-té.

Mes ‖ a-mis ‖ et ‖ mes ‖ pro-ches ‖ se sont ‖ é-loi-gnés ‖ de ‖ moi ‖ me ‖ vo-yant ‖ ré-duit ‖ à ‖ ce ‖ pi-teux ‖ é-tat.

Mes ‖ voi-sins ‖ s'en ‖ sont ‖ re-ti-rés aus-si ‖ et ‖ ceux ‖ qui ‖ cher-chent ‖ à m'ô-ter ‖ la ‖ vi-e ‖ y ‖ em-ploi-ent ‖ de gran-des ‖ vi-o-len-ces.

Ils ‖ n'é-pi-ent ‖ que ‖ les ‖ oc-ca-si-ons ‖ de ‖ me ‖ nui-re ‖ et ‖ tien-nent de ‖ mau-vais ‖ dis-cours ‖ de ‖ moi; ils ‖ pas-sent ‖ tous ‖ les ‖ jours ‖ à cher-cher ‖ les ‖ mo-yens ‖ de ‖ me ru-i-ner.

Mais ‖ je ‖ ne ‖ leur ‖ ré-pon-dais pas ‖ plus ‖ que ‖ si ‖ j'eus-se ‖ é-té sourd ‖ et ‖ je ‖ ne ‖ leur ‖ par-lais ‖ pas plus ‖ que ‖ si ‖ j'eus-se ‖ é-té ‖ mu-et.

J'ai ‖ bou-ché ‖ les ‖ o-reil-les ‖ à tous ‖ leurs ‖ re-pro-ches ‖ ma ‖ lan-gue ‖ n'a ‖ point ‖ pris ‖ la ‖ pei-ne ‖ de re-pous-ser ‖ les ‖ in-ju-res.

Par-ce ‖ qu'en ‖ vous ‖ Sei-gneur j'ai ‖ mis ‖ tou-te ‖ mon ‖ es-pé-ran-ce ‖ Sei-gneur ‖ mon ‖ Dieu ‖ vous m'ex-au-ce-rez.

Je ‖ vous ‖ de-man-de ‖ cet-te ‖ grâ-ce que ‖ mes ‖ en-ne-mis ‖ ne ‖ se ‖ puis-sent ‖ glo-ri-fi-er ‖ de ‖ mes ‖ mi-sè-res et ‖ que ‖ fai-sant ‖ un ‖ faux ‖ pas ‖ ils ne ‖ se ‖ re-dres-sent ‖ con-tre ‖ moi que ‖ pour ‖ me ‖ fai-re ‖ tom-ber.

Je ‖ suis ‖ pour-tant ‖ dis-po-sé ‖ à souf-frir ‖ tou-jours ‖ la ‖ per-sé-cu-ti-on et ‖ la ‖ dou-leur ‖ que ‖ j'ai ‖ mé-ri-té-e se ‖ pré-sen-te ‖ con-ti-nu-el-le-ment à ‖ mes ‖ yeux.

Car ‖ j'a-vou-e ‖ que ‖ j'ai ‖ com-mis de ‖ gran-des ‖ i-ni-qui-tés ‖ et ‖ je ‖ ne pro-po-se ‖ à ‖ ma ‖ pen-sé-e ‖ jour ‖ et nuit ‖ que ‖ l'ob-jet ‖ de ‖ mon ‖ cri-me.

Ce-pen-dant ‖ mes ‖ en-ne-mis ‖ vi-vent ‖ con-tents ‖ ils ‖ se ‖ for-ti-fi-ent con-tre ‖ moi ‖ et ‖ leur ‖ nom-bre aug-men-te ‖ tous ‖ les ‖ jours.

Ceux ‖ qui ‖ ren-dent ‖ le ‖ mal ‖ pour le ‖ bien ‖ m'ont ‖ é-té ‖ con-trai-res par-ce ‖ que ‖ j'ai-me ‖ la ‖ paix ‖ et la ‖ dou-ceur.

Sei-gneur ‖ ne ‖ m'a-ban-don-nez point ‖ dans ‖ ces ‖ pé-rils ‖ mon ‖ Dieu ne ‖ vous ‖ é-loi-gnez ‖ point ‖ de ‖ moi.

Ve-nez ‖ promp-te-ment ‖ à ‖ mon ‖ se-cours ‖ mon ‖ Sei-gneur ‖ et ‖ mon ‖ Dieu puis-que ‖ vous ‖ ê-tes ‖ mon ‖ sa-lut.

Gloi-re ‖ soit ‖ au ‖ Pè-re ‖ etc.

Psau-me ‖ 50.

Mon ‖ Dieu ‖ a-yez ‖ pi-ti-é ‖ de ‖ moi se-lon ‖ vo-tre ‖ gran-de ‖ mi-sé-ri-cor-de.

Et ‖ se-lon ‖ la ‖ mul-ti-tu-de ‖ de ‖ vos bon-tés ‖ ef-fa-cez ‖ mon ‖ i-ni-qui-té.

Ver-sez ‖ a-bon-dam-ment ‖ sur ‖ moi de ‖ quoi ‖ me ‖ la-ver ‖ de ‖ mes ‖ fau-tes net-to-yez || moi || de || mon || pé-ché.

Je || re-con-nais || mes || of-fen-ses || et mon || cri-me || est || tou-jours || con-tre moi.

Con-tre || vous || seul || j'ai || pé-ché et || j'ai || com-mis || de-vant || vos || yeux tout || le || mal || dont || je || me || sens || cou-pa-ble || so-yez || re-con-nu || vé-ri-ta-ble en || vos || pro-mes-ses || et || de-meu-rez vic-to-ri-eux || dans || vos || ju-ge-ments.

J'ai || é-té || souil-lé || de || vi-ces || dès l'ins-tant || de || ma || for-ma-ti-on || et || ma mè-re || ma || con-çu || dans || le || pé-ché.

Vous || vou-lez || que || l'on || soit || à vous || du || fond || du || cœur || et || vous m'a-vez || ins-pi-ré || en || se-cret || la con-nais-san-ce || de || vo-tre || sa-ges-se.

Ar-ro-sez || moi || d'hy-so-pe || et je || se-rai || net-to-yé || la-vez || moi et || je || de-vien-drai || plus || blanc || que la || nei-ge.

Fai-tes || moi || en-ten-dre || u-ne || pa-ro-le || de || con-so-la-ti-on || et || de joi-e || et || el-le || i-ra || jus-ques || dans mes || os || af-fai-blis || par || le || tra-vail.

Dé-tour-nez || vos || yeux || de || mes pé-chés || et || ef-fa-cez || les || ta-ches de || mes || i-ni-qui-tés.

Mon || Dieu || cré-ez || un || cœur pur || en || moi || et || re-nou-ve-lez || y l'es-prit || d'in-no-cen-ce.

Ne || me || re-je-tez || pas || de || vo-tre || pré-sen-ce || et || ne || re-ti-rez pas || de || moi || vo-tre || Saint || Es-prit.

Ren-dez || à || mon || â-me || la || joi-e de || vo-tre || as-sis-tan-ce || et || as-su-rez || mes || for-ces || par || vo-tre es-prit || sou-ve-rain.

J'en-sei-gne-rai || vos || voi-es || aux mé-chants || et || les || im-pi-es || se con-ver-ti-ront || en || vous.

O || mon || Dieu || le || Dieu || de || mon sa-lut || pur-gez || moi || du || cri-me d'ho-mi-ci-de || et || ma || lan-gue || s'es-ti-me-ra || heu-reu-se || de || ra-con-ter les || mi-ra-cles || de || vo-tre || jus-ti-ce.

Sei-gneur || ou-vrez || s'il || vous || plaît mes || lè-vres || et || ma bou-che || aus-si-tôt || an-non-ce-ra || vos || lou-an-ges.

Car ‖ si ‖ vous ‖ eus-siez ‖ vou-lu ‖ des sa-cri-fi-ces ‖ je vous ‖ en ‖ eus-se ‖ of-ferts ‖ mais ‖ les ‖ ho-lo-caus-tes ‖ ne ‖ pou-vaient ‖ ap-pai-ser ‖ vo-tre ‖ cour-roux.

Un ‖ es-prit ‖ af-fli-gé ‖ du ‖ re-gret de ‖ ses ‖ pé-chés ‖ est ‖ le ‖ sa-cri-fi-ce a-gré-a-ble ‖ à ‖ Dieu ‖ mon ‖ Dieu vous ‖ ne ‖ mé-pri-se-rez ‖ point ‖ un cœur ‖ con-trit ‖ et ‖ hu-mi-li-é.

Sei-gneur ‖ ré-pan-dez ‖ vos ‖ bé-né-dic-ti-ons ‖ sur ‖ Si-on ‖ a-fin ‖ qu'on bâ-tis-se ‖ les ‖ murs ‖ de ‖ Jé-ru-sa-lem.

A-lors ‖ vous ‖ a-gré-e-rez ‖ les ‖ sa-cri-fi-ces ‖ de ‖ jus-ti-ce ‖ vous ‖ ac-cep-te-rez ‖ nos ‖ o-bla-ti-ons ‖ et ‖ nos ‖ ho-lo-caus-tes ‖ et ‖ l'on ‖ of-fri-ra ‖ des ‖ vœux sur ‖ vos ‖ au-tels.

Gloi-re ‖ soit ‖ au ‖ Pè-re ‖ etc.

Psau-me ‖ 101.

Sei-gneur ‖ ex-au-cez ‖ ma ‖ pri-è-re et ‖ per-met-tez ‖ que ‖ ma ‖ voix ‖ ail-le jus-qu'à ‖ vous.

Ne ‖ dé-tour-nez ‖ point ‖ vo-tre

vi-sa-ge ‖ de ‖ des-sus ‖ la ‖ mi-sè-re mais ‖ prê-tez ‖ l'o-reil-le ‖ à ‖ ma ‖ voix quand ‖ je ‖ suis ‖ en ‖ af-flic-ti-on.

En ‖ quel-que ‖ temps ‖ que ‖ je vous ‖ in-vo-que ‖ ex-au-cez ‖ moi promp-te-ment.

Par-ce ‖ que ‖ mes ‖ jours ‖ s'é-cou-lent ‖ com-me ‖ la ‖ fu-mée ‖ mes ‖ os se ‖ con-su-ment ‖ com-me ‖ un ti-son ‖ dans ‖ le ‖ feu.

Mon ‖ cœur ‖ est ‖ de-ve-nu ‖ sec com-me ‖ u-ne ‖ her-be ‖ fa-née ‖ par l'ar-deur ‖ du ‖ so-leil ‖ par-ce ‖ que ‖ j'ai ou-bli-é ‖ de ‖ man-ger ‖ mon ‖ pain.

A ‖ for-ce ‖ de ‖ me ‖ plain-dre et ‖ de ‖ sou-pi-rer ‖ mes ‖ os ‖ tien-nent à ‖ ma ‖ peau.

Je ‖ res-sem-ble ‖ au ‖ pé-li-can ‖ dans le ‖ dé-sert ‖ ou ‖ à ‖ la ‖ chou-et-te ‖ en-ne-mi-e ‖ de ‖ la ‖ lu-mi-è-re ‖ qui ‖ se tient ‖ dans ‖ les ‖ trous ‖ de ‖ la ‖ mai-son.

Je ‖ ne ‖ re-po-se ‖ point ‖ tou-tes ‖ les nuits ‖ je ‖ de-meu-re ‖ so-li-tai-re ‖ com-me ‖ le ‖ pas-se-reau ‖ dans ‖ son ‖ nid.

Mes ‖ en-ne-mis ‖ me ‖ font ‖ des

re-pro-ches ‖ tout ‖ le ‖ long ‖ du jour ‖ et ‖ ceux ‖ qui ‖ m'ont ‖ don-né des ‖ lou-an-ges ‖ se ‖ sont ‖ ef-for-cez de ‖ me ‖ dés-ho-no-rer.

Vo-yant ‖ que ‖ je ‖ man-geais ‖ de la ‖ cen-dre ‖ au ‖ lieu ‖ de ‖ pain ‖ et que ‖ je ‖ mê-lais ‖ mon ‖ breu-va-ge a-vec ‖ de ‖ l'eau ‖ de ‖ mes ‖ pleurs.

A ‖ cau-se ‖ de ‖ vo-tre ‖ co-lè-re et ‖ de ‖ vo-tre ‖ in-di-gna-ti-on puis-que ‖ a-près ‖ m'a-voir ‖ é-le-vé vous ‖ m'a-vez ‖ a-bat-tu.

Mes ‖ jours ‖ se ‖ sont ‖ é-cou-lés com-me ‖ l'om-bre ‖ le ‖ cha-grin ‖ me fait ‖ sé-cher ‖ com-me ‖ le ‖ foin.

Mais ‖ vous ‖ Sei-gneur ‖ qui ‖ de-meu-rez ‖ é-ter-nel-le-ment ‖ la ‖ mé-moi-re ‖ de ‖ vo-tre ‖ nom ‖ se-ra im-mor-tel-le ‖ pas-sant ‖ de ‖ gé-né-ra-ti-on ‖ en ‖ gé-né-ra-ti-on.

Tour-nez ‖ vos ‖ re-gards ‖ sur Si-on ‖ quand ‖ vous ‖ re-vien-drez de ‖ vo-tre ‖ som-meil ‖ pre-nez ‖ pi-ti-é ‖ de ‖ ses ‖ mi-sè-res ‖ puis-qu'il est ‖ temps ‖ de ‖ lui ‖ par-don-ner.

Il ‖ est ‖ vrai ‖ que ‖ ses ‖ pri-è-res sont ‖ tel-le-ment ‖ chè-res ‖ à ‖ vos ser-vi-teurs ‖ qu'ils ‖ ont ‖ re-gret de ‖ voir ‖ u-ne ‖ si ‖ bel-le ‖ vil-le dé-trui-te.

A-lors ‖ Sei-gneur ‖ tou-tes ‖ les na-ti-ons ‖ re-dou-te-ront ‖ vo-tre ‖ nom et ‖ vo-tre ‖ gloi-re ‖ é-pou-van-te-ra tous ‖ les ‖ rois ‖ de ‖ la ‖ ter-re.

Par-ce ‖ que ‖ le ‖ Sei-gneur ‖ a bâ-ti ‖ Si-on ‖ où ‖ il ‖ pa-raî-tra ‖ dans sa ‖ gloi-re.

Il ‖ re-gar-de-ra ‖ fa-vo-ra-ble-ment la ‖ pri-è-re ‖ des ‖ hum-bles ‖ et ‖ il ne ‖ la ‖ mé-pri-se-ra ‖ pas.

Ces ‖ cho-ses ‖ se-ront ‖ trans-mi-ses à ‖ la ‖ pos-té-ri-té ‖ qui ‖ en ‖ don-ne-ra des ‖ lou-an-ges ‖ au ‖ Sei-gneur.

De ‖ son ‖ trô-ne ‖ é-le-vé ‖ dans le ‖ ciel ‖ il ‖ jet-te-ra ‖ ses ‖ re-gards sur ‖ la ‖ ter-re.

Pour ‖ en-ten-dre ‖ les ‖ cris ‖ de ceux ‖ qui ‖ sont ‖ dans ‖ les ‖ fers ‖ et pour ‖ bri-ser ‖ leurs ‖ chaî-nes.

A-fin ‖ que ‖ le ‖ nom ‖ du ‖ Sei-gneur

soit ‖ ho-no-ré ‖ dans ‖ Si-on ‖ et ‖ sa lou-an-ge ‖ chan-té-e ‖ en ‖ Jé-ru-sa-lem.

Quand ‖ les ‖ peu-ples ‖ et ‖ les ‖ rois se ‖ join-dront ‖ en-sem-ble ‖ pour ser-vir ‖ le ‖ Sei-gneur.

Ce-pen-dant ‖ il ‖ a ‖ af-fai-bli ‖ ma for-ce ‖ dans ‖ le ‖ che-min ‖ il ‖ a a-bré-gé ‖ mes ‖ jours.

Mon ‖ Dieu ‖ ne ‖ me ‖ re-ti-rez ‖ pas du ‖ mon-de ‖ au ‖ mi-lieu ‖ de ‖ ma vi-e ‖ mes ‖ an-né-es ‖ du-re-ront ‖ dans la ‖ sui-te ‖ de ‖ tous ‖ les ‖ â-ges.

Vous ‖ a-vez ‖ cré-é ‖ la ‖ ter-re dès ‖ le ‖ com-men-ce-ment ‖ du ‖ mon-de les ‖ cieux ‖ sont ‖ l'ou-vra-ge ‖ de ‖ vos mains.

Ils ‖ pé-ri-ront ‖ mais ‖ vous ‖ vous de-meu-re-rez.

Ils ‖ vieil-li-ront ‖ tous ‖ com-me un ‖ vê-te-ment ‖ vous ‖ leur ‖ fe-rez chan-ger ‖ de ‖ for-me ‖ com-me ‖ à un ‖ man-teau.

Pour ‖ vous ‖ vous ‖ se-rez ‖ tou-jours le ‖ mê-me ‖ et ‖ vos ‖ an-né-es ‖ ne fi-ni-ront ‖ point.

Les ‖ en-fants ‖ de ‖ vos ‖ ser-vi-teurs ha-bi-te-ront ‖ la ‖ ter-re ‖ et ‖ leur pos-té-ri-té ‖ sub-sis-te-ra ‖ tou-jours en ‖ vo-tre ‖ pré-sen-ce.

Gloi-re ‖ soit ‖ au ‖ Pè-re ‖ etc.

PSAU-ME ‖ 129.

Sei-gneur ‖ je ‖ m'é-cri-e ‖ vers ‖ vous du ‖ pro-fond ‖ a-bi-me ‖ où ‖ je ‖ suis Sei-gneur ‖ é-cou-tez ‖ ma ‖ voix.

Ren-dez ‖ s'il ‖ vous ‖ plaît ‖ vos o-reil-les ‖ at-ten-ti-ves ‖ à ‖ la ‖ voix de ‖ ma ‖ pri-è-re.

Sei-gneur ‖ si ‖ vous ‖ nous ‖ trai-tez se-lon ‖ nos ‖ pé-chés ‖ qui ‖ pour-ra sub-sis-ter ‖ en ‖ vo-tre ‖ pré-sen-ce.

Mais ‖ vous ‖ u-sez ‖ de ‖ clé-men-ce et ‖ à ‖ cau-se ‖ de ‖ vo-tre ‖ loi ‖ je vous ‖ at-tends ‖ Sei-gneur.

Je ‖ l'at-tends ‖ a-vec ‖ u-ne ‖ vi-ve con-fi-an-ce ‖ en ‖ ses ‖ pa-ro-les ‖ mon â-me ‖ es-pè-re ‖ au ‖ Sei-gneur.

Que ‖ de-puis ‖ le ‖ point ‖ du ‖ jour jus-qu'à ‖ la ‖ nuit ‖ Is-ra-ël ‖ es-pè-re au ‖ Sei-gneur.

Car ‖ le ‖ Sei-gneur ‖ est ‖ plein ‖ de mi-sé-ri-cor-de ‖ et ‖ il ‖ a ‖ des ‖ grâ-ces a-bon-dan-tes ‖ pour ‖ nous ‖ ra-che-ter.

Il ‖ ra-chè-te-ra ‖ lui ‖ mê-me ‖ Is-ra-ël ‖ et ‖ le ‖ dé-li-vre-ra ‖ de ‖ tous ses ‖ pé-chés.

Gloi-re ‖ soit ‖ au ‖ Pè-re ‖ etc.

Psau-me ‖ 142.

Sei-gneur ‖ ex-au-cez ‖ ma ‖ pri-è-re ‖ en-ten-dez ‖ ma ‖ de-man-de ex-au-cez ‖ moi ‖ se-lon ‖ la ‖ vé-rité de ‖ vos ‖ pro-mes-ses ‖ et ‖ se-lon vo-tre ‖ jus-ti-ce.

N'en-trez ‖ point ‖ en ‖ ju-ge-ment a-vec ‖ vo-tre ‖ ser-vi-teur ‖ car ‖ per-son-ne ‖ ne ‖ pour-ra ‖ ja-mais ‖ se jus-ti-fi-er ‖ de-vant ‖ vous.

L'en-ne-mi ‖ me ‖ pour-suit ‖ pour m'ô-ter ‖ la ‖ vi-e ‖ il ‖ m'a ‖ dé-jà ren-ver-sé ‖ par ‖ ter-re.

Com-me ‖ les ‖ morts ‖ il ‖ m'a ‖ con-fi-né ‖ dans ‖ les ‖ lieux ‖ obs-curs ‖ mon es-prit ‖ est ‖ dans ‖ la ‖ dé-fail-lan-ce et ‖ mon ‖ cœur ‖ dans ‖ l'a-gi-ta-ti-on.

Je ‖ me ‖ sou-viens ‖ des ‖ si-è-cles pas-sés ‖ je ‖ me ‖ rap-pel-le ‖ ce ‖ que vous ‖ a-vez ‖ fait ‖ au-tre-fois ‖ je mé-di-te ‖ sur ‖ les ‖ ou-vra-ges ‖ de vos ‖ mains.

J'é-lè-ve ‖ les ‖ mien-nes ‖ vers ‖ vous et ‖ mon ‖ â-me ‖ sans ‖ vous ‖ est com-me ‖ u-ne ‖ ter-re ‖ sans ‖ eau.

Sei-gneur ‖ hâ-tez ‖ vous ‖ de ‖ m'ex-au-cer ‖ mon ‖ es-prit ‖ tom-be ‖ en dé-fail-lan-ce.

Ne ‖ dé-tour-nez ‖ point ‖ de ‖ moi vo-tre ‖ vi-sa-ge ‖ a-fin ‖ que ‖ je ‖ ne de-vien-ne ‖ point ‖ sem-bla-ble ‖ à ‖ ceux qui ‖ des-cen-dent ‖ dans ‖ l'a-by-me.

Fai-tes ‖ moi ‖ en-ten-dre ‖ dès ‖ le ma-tin ‖ la ‖ voix ‖ de ‖ vo-tre ‖ mi-sé-ri-cor-de ‖ puis-que ‖ j'ai ‖ mis ‖ mon es-pé-ran-ce ‖ en ‖ vous.

Mon-trez ‖ moi ‖ le ‖ che-min ‖ par le-quel ‖ je ‖ dois ‖ mar-cher ‖ d'au-tant ‖ que ‖ mon ‖ â-me ‖ est ‖ tou-jours é-le-vé-e ‖ vers ‖ vous.

Sei-gneur ‖ dé-li-vrez ‖ moi ‖ de mes ‖ en-ne-mis ‖ je ‖ me ‖ jet-te en-tre ‖ vos ‖ bras ‖ en-sei-gnez ‖ moi à ‖ fai-re ‖ vo-tre ‖ vo-lon-té ‖ car ‖ vous ê-tes ‖ mon ‖ Dieu.

Que ‖ vo-tre ‖ es-prit ‖ plein ‖ de bon-té ‖ me ‖ con-dui-se ‖ par ‖ un che-min ‖ droit ‖ fai-tes ‖ moi ‖ vi-vre Sei-gneur ‖ pour ‖ la ‖ gloi-re ‖ de vo-tre ‖ nom.

Ti-rez ‖ mon ‖ â-me ‖ de ‖ l'af-flic-ti-on ‖ et ‖ par ‖ l'ef-fet ‖ de ‖ vo-tre ‖ mi-sé-ri-cor-de ‖ ex-ter-mi-nez mes ‖ en-ne-mis.

Et ‖ fai-tes ‖ pé-rir ‖ tous ‖ ceux qui ‖ af-fli-gent ‖ mon ‖ â-me ‖ par-ce que ‖ je ‖ suis ‖ vo-tre ‖ ser-vi-teur.

Gloi-re ‖ soit ‖ au ‖ Pè-re ‖ etc.

Ant. ‖ Sei-gneur ‖ ne ‖ vous ‖ res-sou-ve-nez ‖ point ‖ de ‖ nos ‖ of-fen-ces ‖ ni ‖ des ‖ fau-tes ‖ de ‖ nos pa-rents ‖ et ‖ ne ‖ pre-nez ‖ point ‖ la ven-gean-ce ‖ de ‖ nos ‖ pé-chés.

MONOSYLLABES
EN CARACTÈRES ITALIQUES.

Dieu est le dieu des dieux; il est tout. Il a fait le ciel et tout ce qui est sous les cieux. Il a fait les eaux et tout ce qui est sous les eaux. Il a fait l'air et tout ce qui est dans les airs. Il a fait le feu et tout ce qui est dans le feu. Il a fait les fleurs, les grains et les fruits; il a fait le jour et la nuit; il nous a fait nous tous; et tout ce qui est en haut et ici-bas. Tout ce qui croît et vit n'est fait que par lui seul. Il a tout fait.

Dieu voit tout. Il voit le bien et le mal que l'on fait. Il voit tout ce qui est dans nos cœurs. Dieu fait tout ce qu'il lui plaît. Il tient tous les biens dans sa main. Nos vœux et nos cœurs sont ce qui lui plaît le mieux. Il ne veut que le bien de nous tous.

Nota. On appelle dissyllabes les mots composés de deux syllabes, et polysyllabes ceux qui en ont plusieurs.

MÉTHODE

Pour apprendre à lire et à prononcer correctement les mots.

EXEMPLES.

ON ÉCRIT :	ON PRONONCE :
Voeux au ciel.	veu-z'o ciel.
Après eux.	aprè-z'eu.
Bien honnête.	bié-n'onête.
Constamment.	constaman.
Condamnation	condanation.
Un Paon.	eun pan.
Un Faon.	eun fan.
Une Cicogne.	une cigogne.
Un second hymenée. .	eun segon-t'imené.
Le second étage. . . .	le zegon-t'étage.
Nous croyons.	nou crouaion.
Trop entêté.	tro-p'antêté.
L'un et l'autre. . . .	l'eu-né l'otre.
Un homme.	eu-n'ome.
Un grand homme. . .	eun gran-t'ome.
Elle arrive.	è-l'arrive.
Que vend-il ?	que van-t'il ?
Un Coq d'Inde. . . .	eun co-d'inde.
Des Bœufs entiers. . .	dè beu-z'antié.
Du Bœuf à la mode. .	du beu-v'à la mode.
Existence.	egzistance.
Maximes.	makcimes.
Sixième.	sizième.

LES VÊPRES

DU

DIMANCHE.

PSAUME 109.

Le Seigneur a dit à mon Seigneur : Asseyez-vous à ma droite.

Tandis que terrassant vos ennemis je les ferai servir d'escabeau à vos pieds.

Le Seigneur fera sortir de Sion le sceptre de votre règne ; dominez au milieu de vos ennemis.

Votre peuple se rangera auprès de vous au jour de votre force, étant revêtu de la splendeur des Saints : je vous ai engendré innocent avant l'étoile du matin.

Le Seigneur a juré, et son serment

demeurera immuable : Vous êtes le prêtre éternel selon l'ordre de Melchisedech.

Le Seigneur est à votre droite ; il frappera les rois au jour de sa colère.

Il jugera les nations et les détruira ; il brisera, sur la terre, la tête de plusieurs.

Il boira en chemin des eaux du torrent, et par-là il s'élèvera dans la gloire. Gloire soit au Père, etc.

Psaume 110.

Seigneur, je vous louerai de tout mon cœur dans les assemblées particulières et publiques des justes.

Les ouvrages du Seigneur sont grands, et toujours proportionnés à ses desseins.

Tous ses ouvrages publient ses louanges et sa magnificence ; et sa justice est éternelle.

Le Seigneur, plein de bonté et de miséricorde, a éternisé la mémoire de ses merveilles ; il a donné la nourriture à ceux qui le craignent.

Il se souviendra, dans tous les siècles, de son alliance; il montrera à son peuple sa toute-puissance dans ses œuvres.

En leur donnant l'héritage des nations, sa vérité et sa justice éclatent dans les ouvrages de ses mains.

Toutes ses ordonnances sont inviolables; elles sont immuables dans tous les siècles, elles sont fondées sur la vérité et sur l'équité.

Il a envoyé à son peuple un sauveur pour le racheter, il a rendu son alliance éternelle.

Son nom est saint et redoutable, la crainte du Seigneur est le commencement de la sagesse.

Tous ceux qui font ce que cette crainte prescrit, ont la vraie intelligence; la louange du Seigneur subsistera dans toute l'éternité.

Gloire soit au Père, etc.

Psaume 111.

Heureux celui qui craint le Seigneur, il prendra un souverain plaisir à observer ses commandements.

Sa postérité sera puissante sur la terre, la race des justes sera bénie.

La gloire et les richesses seront dans sa maison, et sa justice demeurera éternellement.

La lumière se lève au milieu des ténèbres sur ceux qui ont le cœur droit; le Seigneur est clément, miséricordieux et juste.

Heureux celui qui donne et qui prête, il règlera ses discours selon la justice, il ne sera jamais ébranlé.

Sa mémoire sera immortelle, et il ne craindra point les langues médisantes.

Son cœur est toujours disposé à espérer au Seigneur, il est inébranlable, il attend avec confiance que Dieu le venge de ses ennemis.

Il répand libéralement ses dons sur les pauvres; sa justice demeure éternellement, et il sera élevé en gloire.

Le méchant le verra, et il frémira de colère; il grincera les dents et sèchera de dépit; mais le désir des pécheurs périra. Gloire soit, etc.

Psaume 112.

Enfants qui êtes appelés au service du Seigneur, louez son saint nom.

Que le nom du Seigneur soit béni maintenant et dans toute l'éternité.

Le nom du Seigneur mérite d'être loué depuis l'orient jusqu'à l'occident.

Le Seigneur est élevé au-dessus des nations, sa gloire est au-dessus des cieux.

Qui est semblable au Seigneur notre Dieu? qui habite dans le lieu le plus haut, et qui regarde ce qu'il y a de plus bas dans le ciel et sur la terre?

Qui tire l'indigent de la poussière, et relève le pauvre de dessus le fumier?

Pour les établir dans les charges honorables et avec les princes de son peuple?

Qui donne à celle qui était stérile, la joie de se voir mère de plusieurs enfants? Gloire soit au Père, etc.

Psaume 113.

Lorsqu'Israël sortit de l'Egypte, et la maison de Jacob du milieu d'un peuple barbare,

Juda fut consacré au service du Seigneur, et Israël devint son domaine.

La mer le vit et elle s'enfuit; le Jourdain remonta vers sa source.

Les montagnes sautèrent comme des beliers, et les collines comme des agneaux.

O mer, pourquoi fuyais-tu? et toi, Jourdain, pourquoi remontais-tu vers ta source?

Montagnes, pourquoi sautiez-vous comme des beliers? et vous, collines, comme des agneaux?

La terre a tremblé à la vue du Seigneur, à la vue du Dieu de Jacob.

Qui changea la pierre en des torrents d'eau, et le rocher en fontaines abondantes?

Non point à nous, Seigneur, non point à nous; mais donnez à votre nom la gloire qui lui appartient.

Que les nations ne disent donc plus : Où est leur Dieu ?

Car notre Dieu est dans le ciel, il a fait tout ce qu'il a voulu.

Mais les images des gentils sont d'or, d'argent, ouvrage des mains des hommes.

Ils ont une bouche et ne parlent pas, ils ont des yeux et ne voient rien.

Ils ont des oreilles et n'entendent pas, ils ont des narines et ne sentent pas.

Ils ont des mains et ne touchent pas, ils ont des pieds et ne marchent pas ; leur gosier ne peut proférer la moindre parole.

Que ceux qui les font leur deviennent semblables, et tous ceux qui mettent en eux leur confiance

La maison d'Israël a espéré au Seigneur ; il est son secours et son protecteur.

La maison d'Aaron a espéré au Seigneur ; il est son secours et son protecteur.

Ceux qui craignent le Seigneur

mettent en lui leur confiance : il est leur secours et leur protecteur.

Le Seigneur s'est souvenu de nous, et il nous a bénis.

Il a béni la maison d'Israël, il a béni la maison d'Aaron.

Il a béni tous ceux qui le craignent, grands et petits.

Que le Seigneur vous comble de nouvelles grâces, vous et vos enfants.

Soyez béni du Seigneur, qui a fait le ciel et la terre.

Les cieux sont pour le Seigneur et il a donné la terre aux enfants des hommes.

Les morts, Seigneur, ne vous loueront point, ni ceux qui descendent dans l'enfer.

Mais nous, qui sommes vivants, nous bénissons le Seigneur, depuis ce temps jusqu'à jamais. Gloire soit, etc.

HYMNE.

O Dieu souverainement bon, qui avez créé la lumière, qui la faites luire tous les jours, et qui en réglez la durée, qui avez commencé par elle la création du monde.

Vous qui avez ordonné qu'on appellerait jour le matin joint avec le soir, débrouillant l'horrible confusion des choses, entendez nos prières qui sont accompagnées de larmes.

De peur que l'esprit opprimé par ses crimes ne soit privé des biens de la vie, tandis que ne songeant point à méditer les choses éternelles, il se précipite dans les liens du péché.

Qu'il pousse ses désirs jusques dans le ciel, qu'il remporte le prix de la vie; évitons tout ce qui lui peut être contraire, et, par une sainte pénitence, purgeons notre âme de toutes ses iniquités.

Accordez-nous cette grâce, ô Père de miséricorde, et vous, fils unique, égal au Père, qui, avec lui et le Saint-Esprit, régnez dans tous les siècles. Ainsi soit-il.

CANTIQUE DE LA VIERGE.

Mon âme glorifie le Seigneur, et

mon esprit est ravie de joie en Dieu, mon Sauveur.

Parce qu'il a regardé la bassesse de sa servante : car désormais tous les siècles m'appelleront bienheureuse.

Car le Tout-Puissant a fait de grandes choses en ma faveur, son nom est saint.

Et sa miséricorde se répand de race en race sur ceux qui le craignent.

Il a déployé la force de son bras, il a dissipé les desseins que les superbes formaient dans leurs cœurs.

Il a renversé les grands de leurs trônes et il a élevé les petits.

Il a rempli de biens ceux qui souffraient de faim, et il a renvoyé vides et pauvres ceux qui étaient riches.

Il a pris sous sa protection Israël son serviteur, se ressouvenant de sa miséricorde.

Selon la promesse qu'il a faite à nos pères, à Abraham et à sa postérité pour toujours. Gloire soit, etc.

L'OFFICE

DE

LA VIERGE MARIE.

A MATINES

SEIGNEUR, ouvrez, s'il vous plaît, mes lèvres.

Et ma bouche publiera vos louanges.

Mon Dieu, venez à mon aide.

Seigneur, hâtez-vous de me secourir.

Gloire soit au Père, au Fils et au Saint-Esprit.

Comme elle était au commencement, comme elle est maintenant, et comme elle sera toujours aux siècles des siècles. Ainsi soit-il.

PSAUME 94.

Venez, montrons la joie que nous avons au Seigneur, chantons la gloire de Dieu, notre refuge; comparaissons devant lui, célébrons ses louanges, et faisons résonner des cantiques d'allégresse. Je vous salue, Marie, pleine de grâce, le Seigneur est avec vous.

Car le Seigneur est le grand Dieu et le grand Roi qui est au-dessus de tous les dieux, il ne rebutera point son peuple, il tient en sa main les extrémités de la terre avec les abîmes; et les montagnes les plus élevées sont à lui. Le Seigneur est avec vous.

Parce qu'il a fait la mer, elle lui appartient; ses mains ont aussi formé la terre. Venez, adorons-le, fléchissons les genoux en sa présence; versons des larmes devant le Seigneur qui nous a fait, car il est notre Dieu : nous sommes le peuple qu'il regarde comme les brebis de sa bergerie. Je vous salue, Marie, pleine de grâce, le Seigneur est avec vous.

Que si vous écoutez aujourd'hui sa voix, n'endurcissez point vos cœurs, comme vous fîtes en la journée de contradiction qui arriva dans le désert, où vos pères me tentèrent où ils virent mes œuvres. Le Seigneur est avec vous.

Ce peuple m'a offensé sans cesse l'espace de quarante ans, de sorte que j'ai dit : Ce peuple insensé se trompe toujours en son cœur, et il n'a point connu mes voies, aussi ai-je bien fait serment, dans ma colère, qu'ils n'entreront point dans le lieu de mon repos. Je vous salue, Marie, pleine de grâce, le Seigneur est avec vous.

Gloire soit au Père, au Fils et au Saint-Esprit, comme elle sera toujours aux siècles des siècles. Le Seigneur est avec vous. Je vous salue, Marie, pleine de grâce, le Seigneur est avec vous.

Hymne.

Celui-là que la terre, la mer, les cieux révèrent, adorent et louent; qui par sa puissance infinie gouverne ce grand univers, les flancs de Marie ont eu l'honneur de le porter.

Les entrailles d'une vierge féconde, comblée de grâces et de bénédictions du ciel, contiennent celui à qui la lune, le soleil et toutes les créatures obéissent.

Heureuse mère, à cause du précieux fruit qu'elle porte? son chaste ventre enferme, comme dans un tabernacle, celui qui a créé le monde, et qui le soutient dans le creux de sa main.

Heureuse encore par l'ambassade que vous avez reçue du ciel, ayant été rendue féconde par le Saint-Esprit; par votre consentement, le désiré des nations a été envoyé au monde.

Donc à vous, Seigneur, né de la Vierge, la gloire soit donnée, comme au Père et au Saint-Esprit, aux siècles des siècles. Ainsi soit-il.

PSAUME 8.

Seigneur, notre souverain Seigneur, que votre nom est grand et admirable par toute la terre.

Votre magnificence est élevée par-dessus les cieux.

Vous avez mis vos louanges dans la bouche des petits enfants qui sont encore à la mamelle, afin de remplir de confusion vos adversaires, et de détruire les ennemis de votre gloire.

Car je considérerai avec attention les cieux, ouvrage de vos mains, ensemble la lune et les étoiles que vous avez formées.

Qu'est-ce que l'homme, pour vous souvenir de lui ? ou le fils de l'homme, pour que vous le visitiez ?

Car vous ne l'avez rendu qu'un peu inférieur aux anges, vous l'avez couronné d'honneur et de gloire, et lui avez donné l'empire sur tous les ouvrages de vos mains.

Vous avez mis toutes choses sous ses pieds; il domine sur les brebis; les bœufs et les troupeaux des champs.

Les oiseaux de l'air, les poissons de la mer, et ceux qui se promènent dans les eaux.

Seigneur, notre souverain Seigneur, que votre nom est grand et admirable par toute la terre! Gloire soit, etc.

Psaume 18.

Les cieux racontent la gloire de Dieu, et le firmament publie l'excellence des ouvrages qui sont sortis de ses mains.

Le jour qui passe annonce ses merveilles au jour qui le suit, et la nuit apprend à l'autre nuit à chanter ses louanges.

Il n'y a point de nations ni de langues qui n'entendent leurs voix et leurs langages.

Car le bruit qu'ils font va par toute

la terre, et leurs paroles volent jusqu'aux extrémités du monde.

Le Seigneur a établi sa demeure dans le soleil, où il paraît comme un époux bien paré, sortant de sa chambre nuptiale.

Il commence sa course gaiement, comme un prince fort généreux; il sort d'un des bouts des cieux.

Et ayant continué son vaste tour jusqu'à l'autre extrémité, il n'a trouvé aucune créature qui n'ait senti sa chaleur.

La loi sans tache du Seigneur convertissant les âmes, est le témoignage fidèle d'un Dieu qui donne la sagesse aux simples.

Sa justice infaillible donne de la joie à tous les cœurs, ses commandements, qui sont purs, éclairent nos yeux obscurcis.

La crainte du Seigneur, qui est sainte, demeure éternellement; ses jugements sont fondés dans sa justice infinie.

Ils sont beaucoup plus désirables que l'or et les pierres précieuses, ils sont plus doux que le miel des ruches.

C'est pourquoi votre serviteur les a toujours gardés, sachant qu'il y a de grandes récompenses pour ceux qui les observent.

Qui peut connaître ses fautes? Seigneur, lavez-moi de mes iniquités cachées, et faites grâce de celles des autres à votre serviteur.

Si les miennes ne me surmontent pas, comme je serai sans tache, je serai alors purgé de grands crimes.

Par-là vous aurez agréables les paroles de ma bouche, et les pensées de mon cœur seront toujours bien reçues devant vous.

Seigneur, vous êtes mon espérance et mon rédempteur. Gloire soit, etc.

Psaume 53.

La terre est au Seigneur, et tout ce qu'elle contient, et toutes les créatures qui l'habitent.

Il a établi sur les mers le fondement de la terre, et il l'a rendue habitable en donnant des bornes à ses rivières.

Qui montera en la montagne du Seigneur? ou qui habitera en son sanctuaire?

Celui qui a les mains et le cœur purs, qui ne vit point dans la vanité et qui ne nuit point à autrui par ses serments.

Celui-la recevra les bénédiction du Seigneur, et la miséricorde de Dieu son sauveur.

Tels sont ceux qui cherchent à paraître devant le Dieu de Jacob.

Ouvrez-vous donc, grandes portes, et vous aussi portes éternelles du ciel, puisque le Roi de gloire veut entrer.

Quel est ce Roi de gloire? C'est le Seigneur grand et puissant; c'est le Seigneur si redoutable dans les combats.

Ouvrez-vous donc, grandes portes, et vous aussi portes éternelles du ciel, puisque le Roi de gloire veut entrer.

Mais enfin, quel est ce Roi de gloire?

Le Seigneur des armées est ce Roi tout environné de gloire.

Gloire soit au Père, etc.

Psaume 44.

Mon cœur m'inspire un bon propos, de composer cet ouvrage à la gloire du Roi.

Ma langue imitera la légèreté de la main d'un habile écrivain.

Vous surpassez toutes les beautés des hommes, les grâces sont répandues sur vos lèvres: c'est pourquoi Dieu vous a béni de toute éternité.

Mais, ô puissant Roi, mettez votre épée à votre côté.

Et tout éclatant de gloire, tendez votre arc, marchez en assurance, vous règnerez.

A cause de la vérité, de la mansuétude et de la justice, votre bras fera réussir toutes vos entreprises, par des exploits inouis.

Car la pointe de vos dards percera le cœur de vos ennemis, et rangera tous les peuples sous votre obéissance.

Mon Dieu, votre trône est éternel, et votre sceptre est un sceptre d'une conduite bien douce.

Vous avez aimé toujours la justice, et vous avez eu en horreur l'iniquité : pour ce sujet Dieu vous a consacré d'une huile de liesse, plus excellente que celle qu'il a répandue sur vos associés.

La myrrhe, l'aloès et la casse font sortir une odeur agréable de vos vêtements, que les filles des rois tirent de leurs cabinets d'ivoire pour vous faire honneur.

La reine plus belle que toutes les autres, paraît à votre côté, vêtue d'une robe de fin or, enrichie de pierres précieuses.

Écoutez, ma fille, ouvrez les yeux et suivez mes conseils; oubliez votre peuple et quittez la maison de votre père.

Le plus grand des rois désire posséder vos perfections; il est le Seigneur et le Dieu que tous les peuples adorent.

Les filles de Tyr et les peuples les plus opulents viendront implorer votre crédit, avec quantité de présents qu'ils vous feront.

Les plus grands ornements de cette princesse ne paraissent point au dehors ; sa robe est en broderie d'or parsemée de couleurs et de fleurs tissues avec l'aiguille.

Les filles de sa suite et celles qui sont plus près de sa personne, auront l'honneur de vous être présentées.

Elles paraîtront devant vous avec allégresse et entreront dans le palais du roi.

Au lieu de vos parents, vous aurez des enfants généreux que vous établirez sur toute la terre.

Ils se souviendront toujours de vous et laisseront à la postérité des marques de votre gloire et de votre excellence.

Pour ce sujet les peuples ne se lasseront jamais de vous louer dans la suite des siècles. Gloire soit, etc.

Psaume 45.

Dieu est notre refuge et notre force ;

il nous a secourus dans les dangers et afflictions qui nous environnent de toutes parts.

C'est pourquoi nous n'aurons aucune crainte, quand même la terre serait toute émue, et que les montagnes iraient au fond de la mer.

Quand même les eaux seraient agitées par des tempêtes extraordinaires, et que les montagnes se renverseraient.

Le cours délicieux d'un fleuve embellit la Sainte Cité : le Très-Haut l'a sanctifiée pour en faire sa demeure.

Le Seigneur étant au milieu d'elle, elle ne sera point ébranlée : car il lui donnera secours quand elle en aura besoin.

Quand les peuples se sont ligués contre cette cité, leurs royaumes ont été presque ruinés au premier son de la voix du Seigneur, son protecteur.

Le Seigneur des armées est avec nous, le Dieu de Jacob nous est un refuge assuré.

Venez donc, et considérez les ouvrages du Seigneur, qui fait de tels prodiges sur la terre, qui fait cesser les guerres jusqu'aux extrémités du monde.

Il romp les javelots, met les armes en pièces et jette les boucliers au feu.

Arrêtez-vous ici, dit-il, et considérez que je suis Dieu; je ferai connaître ma puissance à tous les peuples de la terre, et je serai glorifié par tout le monde.

Le Seigneur des armées est avec nous; le Dieu de Jacob nous est un refuge assuré. Gloire soit, etc.

Psaume 86.

Les fondements de Jérusalem sont jetés sur les montagnes saintes; le Seigneur aime plus les portes de Sion que les tabernacles de Jacob.

Cité de Dieu, on a raconté de vous des choses bien glorieuses.

J'aurai mémoire de l'Egypte et de Babylone, puisqu'ils ont connu mon nom.

Ceux qui habitent la Palestine, les Tyriens et les Ethiopiens, y seront biens venus.

Et quelqu'un dira, parlant de Sion,

un homme excellent est né dans cette cité qui a été fondée par le Très-Haut.

Le Seigneur écrira dans ses registres les noms des peuples et des princes qui ont été assez heureux pour se trouver en icelle.

Que vous êtes une demeure agréable, Sainte Cité, puisque vos habitants sont remplis de joie et de vertu.

Gloire soit au Père, etc.

PSAUME 95.

Chantez un cantique nouveau à la louange du Seigneur; récitez des hymnes à sa gloire, vous peuples de la terre.

Chantez des airs en son honneur, et bénissez son saint nom; annoncez de jour en jour l'histoire de ses bienfaits.

Annoncez sa gloire parmi les nations, racontez ses merveilles à tous les peuples.

Car le Seigneur est grand et digne d'un suprême honneur; il est lui seul plus redoutable que tous les autres dieux.

Les dieux adorés des nations sont des démons, mais notre Dieu a fait les cieux

Les grâces et la beauté l'environnent de toutes parts; la sainteté et la magnificence sont l'ornement de son sanctuaire.

Peuples et nations, apportez au Seigneur la gloire et l'honneur; rendez en son nom quantité de bénédictions.

Apportez vos offrandes dans son temple; adorez le Seigneur en son sanctuaire.

Que tout l'univers tremble devant sa face : faites savoir aux peuples que le Seigneur tient les rênes du monde.

Car il y a si bien assuré les fondements de la terre, qu'ils ne seront jamais ébranlés; il jugera tous les peuples selon sa justice.

Que les cieux et la terre s'en réjouissent, que la mer et tout ce qu'elle enferme, en sentent des émotions d'allégresse; que les champs et tout ce qu'ils contiennent soient transportés d'une joie pareille.

Et que tous les arbres qui sont dans les forêts se réjouissent en la présence du Seigneur, qui est venu au monde parce qu'il est venu pour le gouverner.

Il régira tout le monde avec justice, et les peuples selon l'infaillibilité de ses promesses. Gloire soit, etc.

Psaume 96.

Le Seigneur gouverne le monde; que toute la terre s'en réjouisse, et que les îles de la mer soient aussi joyeuses.

Il y a des nuages et des ombres épaisses qui nous le càchent, toutefois son trône est fondé sur la justice et sur l'équité.

Le feu volera devant lui pour réduire en cendres ses ennemis qui l'environnent.

Il jettera tant d'éclairs dans le monde, qu'en étant ébloui, il tremblera de frayeur.

Les montagnes se fondront comme la cire en la présence du Seigneur, à l'aspect du Dominateur de l'univers.

Les cieux annonceront sa justice, et il n'y aura point de peuples qui ne voient les grandeurs de sa gloire.

Que ceux-là, soient donc remplis de confusion et de honte qui espèrent en leurs faux dieux et vaines idoles.

Adorez ce Seigneur tout-puissant vous qui êtes ses anges : ce que Sion ayant entendu elle s'en est réjouie.

Les filles de Juda ont témoigné leur joie en voyant que vos jugements, Seigneur, ont exterminé l'impiété.

Parce que vous êtes le Très-Haut, qui exerce un empire absolu sur toute la terre : vous êtes, sans comparaison, plus grand que tous les dieux des autres nations.

Vous donc qui aimez le Seigneur, ayez le mal en horreur : le Seigneur garde soigneusement les âmes qui lui sont consacrées, et les délivre de la persécution des méchants.

La lumière se répand sur les justes, et la joie sur le cœur des gens de bien.

Réjouissez-vous au Seigneur, vous tous qui êtes justes, et le remerciez des bienfaits que vous en avez reçus.

Gloire soit au Père, etc.

Psaume 97.

Chantez un cantique nouveau à la louange du Seigneur : car il a fait des choses admirables.

Il a établi le salut par sa puissance et par la force de son saint bras.

Le Seigneur a fait connaître l'excellence de notre rédemption, et a signalé sa justice parmi le peuple.

Il s'est rappelé de sa miséricorde et de ses promesses envers la maison d'Israël.

Par toute la terre on ne peut douter que notre Dieu n'ait fait connaître le salut.

Composez des hymnes à la gloire de Dieu, vous peuples qui habitez l'univers.

Faites des concerts de chants et de harpe, faites résonner les trompettes et les cornets.

Réjouissez-vous en la présence du Seigneur; que la mer et tout ce qu'elle renferme, que la terre et tout ce qu'elle contient s'en réjouissent pareillement.

Que les fleuves applaudissent en la présence de ce Seigneur; que les montagnes lui témoignent aussi leur joie, puisqu'il est venu juger la terre avec justice.

Il régira tout le monde avec justice, et les peuples selon l'équité.

Gloire soit au Père, etc.

ABSOLUTION.

Que par les prières et par les mérites de la bienheureuse Marie, toujours vierge, et de tous les saints et saintes, il plaise à Notre-Seigneur de nous conduire au royaume des cieux. Ainsi soit-il.

Leçon I.

En toutes choses j'ai cherché mon repos, mais enfin, je demeurerai dans l'héritage du Seigneur. J'achevais ce propos quand le Créateur du monde, celui même qui est l'auteur de mon être et qui a reposé dans mon tabernacle, me fit l'honneur de me commander en me disant : Habite en la maison de Jacob, et prends tes héritages en Israël, jetant des racines profondes entre mes élus

Mais vous, Seigneur, ayez pitié de nous.

℟. Rendons grâces à Dieu.

LEÇON II.

Ainsi j'ai fait mon séjour en Sion, je me suis pareillement reposé en la sainte cité, et j'ai établi ma puissance en Jérusalem, poussant, par ce moyen, des racines profondes entre un peuple comblé de bénédictions célestes; lequel a son héritage en la part de Dieu; et entre la multitude des Saints sera ma demeure à jamais. Mais vous, Seigneur, ayez pitié de nous. ℟. Rendons grâces à Dieu.

LEÇON III.

J'ai été élevé comme le cèdre au Liban, et comme le cyprès en la montagne de Sion. J'ai été élevé comme les palmes de Cadès, ou comme les rosiers de Jéricho, comme la belle olive dans la campagne, et comme le peuplier qui s'éloigne de son tronc auprès des eaux, le long des grands chemins. J'ai répandu une odeur comme de la canelle et du baume aromatique; ni plus ni moins que la myrrhe choisie, j'ai fait sentir la douceur de mes parfums. Mais vous, Seigneur, ayez pitié de nous. ℟. Rendons grâces à Dieu.

HYMNE

De St.-Ambroise et de St.-Augustin.

Nous vous louons, ô mon Dieu, nous vous reconnaissons pour notre Seigneur.

Vous, Père éternel, que toute la terre adore,

Tous les anges, les cieux, les puissances vous adorent.

Les chérubins et les séraphins vous proclament incessament par ces chants :

Saint, Saint, Saint est le Seigneur Dieu des armées.

Les cieux et la terre sont remplis de la grandeur de votre gloire.

Le cœur glorieux des apôtres,

La vénérable multitude des prophètes,

La brillante armée des martyrs célèbrent vos louanges.

L'Église sainte vous reconnaît pour son Dieu par toute la terre,

Le Père éternel, qui est d'une grandeur incompréhensible.

Elle adore votre Fils unique et véritable,

Et le Saint-Esprit consolateur.

Vous, Christ, qui êtes le roi de gloire,

Vous qui êtes le fils éternel du Père,

Vous qui, pour délivrer l'homme, n'avez pas dédaigné naître d'une vierge.

Ayant brisé l'aiguillon de la mort, avez ouvert aux fidèles le royaume des cieux;

Vous qui êtes assis à la droite de Dieu, en la gloire du Père.

Et qui devez venir nous juger.

Nous vous supplions donc de secourir vos serviteurs que vous avez rachetés de votre précieux sang.

Faites que nous soyons comptés dans la gloire au nombre de vos saints.

Sauvez votre peuple, Seigneur, et comblez votre héritage de bénédictions.

Conduisez-le, élevez-le jusques dans l'éternité.

Nous vous bénissons tous les jours.

Nous louons sans cesse votre nom, et nous le louerons à jamais.

Daignez, Seigneur, nous préserver en ce jour de tout péché.

Ayez pitié de nous, Seigneur, ayez pitié de nous.

Répandez sur nous votre miséricorde, selon que nous avons espéré en vous.

J'ai espéré en vous, Seigneur, je ne tomberai jamais en confusion.

A LAUDES.

Mon Dieu, venez à mon aide, Seigneur, hâtez-vous de me secourir. Gloire soit, etc.

Psaume 92.

Le Seigneur a régné, et il s'est revêtu de sa magnificence : le Seigneur s'est ceint et s'est revêtu de sa force.

Car il a tellement affermi le monde qu'il ne sera jamais ébranlé.

Votre trône a été préparé dès-lors, Seigneur, et vous êtes de toute éternité.

Les fleuves se sont élevés, Seigneur, les fleuves se sont élevés sans bruit.

Les fleuves ont élevé leurs flots, les eaux se sont faites entendre.

Si les vagues de la mer sont admirables, le Seigneur, l'est aussi par sa grandeur.

Vos témoignages, Seigneur, sont indubitables, et la sainteté de votre Église se conservera jusqu'à la fin des temps.

Gloire soit au Père, etc.

PSAUME 99.

Que toute la terre se réjouisse en Dieu, servez le Seigneur avec joie.

Mettez-vous en sa présence avec de grands témoignages de joie.

Apprenez que le Seigneur est le Dieu qui nous a fait, et que nous ne nous sommes pas fait de nous mêmes.

Nous sommes son peuple et les brebis de sa bergerie : entrez dans son temple en chantant des actions de grâce.

Louez son nom, car le Seigneur est bon; sa miséricorde est éternelle, et sa vie durera à jamais. Gloire soit au père, etc.

* PSAUME 62.

O Dieux! qui êtes mon Dieu, je vous invoque dès le point du jour.

Mon âme soupire après vous; ma chair souhaite ardemment de vous posséder.

Dans une terre déserte, dépourvue d'eau et de chemin, je vous contemple comme dans un sanctuaire, pour découvrir votre puissance et votre gloire.

Mes lèvres vous loueront, parce que vous êtes miséricordieux.

Ainsi je vous bénirai toute ma vie et j'élèverai mes mains pour vous invoquer.

Mon âme sera remplie d'un suc exquis : mes lèvres vous témoigneront ma joie.

Si étant sur mon lit je me suis souvenu de vous, j'élèverai mon cœur vers vous dès le matin car vous m'avez protégé.

Et je m'égaierai à l'ombre de vos aîles ; mon âme soupire après vous : votre main m'a reçu sous sa sauve-garde.

Mais ceux qui ont tâché de me perdre seront engloutis sous la terre ; ils périront par l'épée, et seront la proie des renards.

Mais le roi se réjouira en Dieu ; ses serviteurs fidèles seront honorés ; car il a fermé la bouche des médisants. Gloire soit, etc.

Psaume 66.

Que Dieu nous pardonne et nous bénisse, que les rayons de son visage nous éclairent et qu'il ait pitié de nous.

Afin que vos voies vous soient connues sur la terre, et aux fidèles le salut que vous avez promis au monde.

O Dieu ! que tous les peuples vous louent, et célèbrent votre saint nom.

Que les nations se réjouissent de ce que

vous jugez les hommes avec équité parce que vous conduisez les nations sur la terre.

Mon Dieu, que tous les peuples vous révèrent; soyez glorifié par tout le monde : la terre a produit des fruits en abondance.

Que Dieu, notre Dieu, nous donne sa bénédiction, et que tous les habitants de la terre le craignent. Gloire soit, etc.

CANTIQUE

Des trois enfants dans la fournaise.

Vous tous qui êtes les ouvrages du Seigneur, louez-le, et révélez sa souveraine grandeur dans tous les siècles.

Anges divins, et vous cieux, bénissez le Seigneur.

Eaux qui êtes au-dessus des airs et vous vertus de Dieu, bénissez le Seigneur.

Soleil et lune, et vous étoiles du firmament, bénissez le Seigneur.

Pluies et rosées, et vous vents qui excitez les tempêtes, bénissez le Seigneur.

Feux et chaleurs de l'été, et vous froidures et rigueurs de l'hiver, bénissez le Seigneur.

Brouillards, bruines, gelées et frimats, bénissez le Seigneur.

Glaces, neiges, et vous jours et nuits, bénissez le Seigneur.

Lumières et ténèbres, et vous éclairs et nuages, bénissez le Seigneur.

Que la terre bénisse le Seigneur, qu'elle chante ses louanges et sa gloire à jamais.

Montagnes, collines, herbes et plantes qui germez en terre, bénissez le Seigneur.

Fontaines, mers et rivières, bénissez le Seigneur.

Baleines, et vous tous habitants des eaux et des airs, bénissez le Seigneur.

Bêtes domestiques et sauvages, et vous enfants des hommes, bénissez le Seigneur.

Qu'Israël bénisse le Seigneur; qu'il célèbre ses louanges et sa gloire à jamais.

Prêtres et serviteurs bénissez-le incessamment.

Esprit et âmes des justes, et vous, Saints et humbles de cœur, bénissez le Seigneur.

Ananie, Azarie et Misaël, bénissez le Seigneur, chantez ses louanges, et exaltez sa gloire à jamais.

Bénissons le Père, le Fils et le Saint-Esprit; chantez ses louanges, et exaltez sa gloire à jamais.

Seigneur, vous êtes béni dans les cieux, vous êtes digne d'être loué et honoré éternellement.

Psaume 148.

Vous, purs Esprits, qui êtes dans les cieux, chantez les louanges du Seigneur, louez-le dans les lieux très-hauts.

Anges du Seigneur louez-le tous ; vertus du Seigneur célébrez ses gloires.

Vous, soleil et lune, louez-le ; étoiles et lumières louez-le tous ensemble.

Les cieux des cieux et les eaux qui sont au-dessus du firmament louent le Seigneur.

Car il a parlé et tout a été fait ; il a commandé, toutes choses ont été créées.

Il les a établies pour toujours ; il leur a prescrit une loi irrévocable.

Louez le Seigneur, toutes créatures de la terre, et vous monstres des abymes.

Que le feu, la grêle, la neige, la glace et les vents impétueux exécutent ses ordres.

Les montagnes, les collines, les arbres portant fruits et les cèdres ;

Les bêtes sauvages et les animaux domestiques, les serpents et les oiseaux de l'air ;

Les rois de la terre, tous les peuples, les princes et tous les juges de la terre.

Les garçons et les filles, les vieillards et les enfants louent le Seigneur, car il est seul digne de louange et de gloire.

Le ciel et la terre le reconnaissent ; il a délivré son peuple et l'a fait triompher.

Que la bouche des Saints le glorifient, aussi bien que celles des enfants d'Israël.

Gloire soit au Père, au Fils, etc.

Comme elle sera toujours aux siècles des siècles. Ainsi soit-il.

PRIÈRE QUAND IL TONNE.

† *Christus regnat.*	Jésus-Christ règne.
† *Christus imperat.*	Jésus-Christ commande.
† *Christus vincit.*	Jésus-Christ vainc.

O mon Dieu, qui êtes notre force, notre appui, notre protecteur et notre libérateur; source éternelle et inépuisable de miséricordes et d'indulgences, formez vous-même dans nos cœurs effrayés, les pensées que nous devons avoir de votre Divinité, les prières que nous devons vous adresser, et faites-nous connaître quelles œuvres vous sont agréables pour fléchir votre justice irritée. Pendant que la voix du tonnerre nous pénètre jusqu'au fond de l'âme, que ces tempêtes extérieures qui s'élèvent dans les airs, servent à calmer les orages intérieurs de nos passions; faites, Seigneur, que les menaces de votre puissance servent de matière à vos louanges; qu'elles produisent en nous une crainte salutaire, et que nous ressentions la bonté de celui dont nous avons redouté la colère. Ainsi soit-il.

Jésus, ayez pitié de nous.
Sainte Vierge, intercédez pour nous.
Saint N., mon patron, priez pour nous.
Ste. Anne et Saint Joseph, priez pour nous.

MAXIMES DE LA SAGESSE.

Rendez au Créateur tout ce qu'on doit lui rendre.
Réfléchissez avant que de rien entreprendre.
N'ayez société qu'avec d'honnêtes gens.
Ne vous enflez jamais de vos heureux talents.
Conformez-vous toujours aux sentiments des autres :
Cédez modestement si l'on combat les vôtres.
Donnez attention à tout ce qu'on vous dit,
Et n'affectez jamais d'avoir beaucoup d'esprit.
N'entretenez personne au-delà de sa sphère,
Et dans tous vos discours soyez toujours sincère.
Tenez votre parole inviolablement ;
Mais ne promettez pas inconsidérément.
Soyez officieux, complaisant, doux, affable,
Et vous montrez toujours d'un abord favorable
Sans être familier, ayez un air aisé ;
Ne décidez de rien qu'après l'avoir pesé.
Aimez sans intérêt, pardonnez sans faiblesse ;
Soyez soumis aux grands sans aucune bassesse.
Cultivez avec soin l'amitié d'un chacun :
A l'égard des procès n'en intentez aucun.
Ne vous informez point des affaires des autres
Avec attention attachez-vous aux vôtres.
Prêtez sans intérêt, mais toujours prudemment.
S'il faut récompenser faites-le noblement ;
Et de quelque façon que vous vouliez paraître,
Que ce soit sans excès, et sans vous méconnaître.

Compatissez partout aux disgrâces d'autrui ;
Supportez ses défauts, soyez fidèle ami.
Surmontez les chagrins où l'esprit s'abandonne,
Sans les faire jamais réjaillir sur personne.
Où la discorde règne apportez-y la paix ;
Et ne vous vengez point qu'à force de bienfaits.
Reprenez sans aigreur, louez sans flatterie.
Riez honnêtement, entendez raillerie.
Estimez un chacun dans sa profession :
Et ne critiquez rien par ostentation.
Ne soyez point ingrat ; payez toutes vos dettes ;
Sans jamais reprocher le plaisir que vous faites.
Prévenez les besoins d'un ami malheureux ;
Sans prodigalité montrez-vous généreux.
Modérez les transports d'une bile naissante :
Ne parlez jamais mal de la personne absente.
Ménagez votre bien et vivez sobrement ;
Ne vous fatiguez point sur le Gouvernement.
Au jeu, que l'intérêt jamais ne vous domine ;
Dans la perte ou le gain, suivez la loi divine.
Toujours dans vos discours, modeste, retenu,
Que rien sur vos devoirs ne vous soit inconnu.
Parlez peu, pensez bien, et ne trompez personne ;
Et faites toujours cas de tout ce qu'on vous donne.
Loin de tyranniser le pauvre débiteur,
De sa tranquillité soyez plutôt l'auteur.
Au bonheur du prochain ne portez point envie.
Ne divulguez jamais ce que l'on vous confie.
Gardez votre secret, ne vous vantez de rien :
Voilà tout le portrait du sage et du chrétien.

CONDUITE

POUR LA BIENSÉANCE CIVILE ET CHRÉTIENNE.

Conduite pour le lever et le coucher.

1. Aussitôt que vous êtes éveillé, levez-vous promptement, et habillez-vous avec tant de circonspection qu'aucune partie de votre corps ne paraisse nue. Si quelque personne se trouve dans votre chambre, ayez soin de vous couvrir avec la modestie convenable. Si vous êtes seul, soyez encore modeste; n'oubliez pas que l'œil de Dieu pénètre partout.

2. La bienséance demande qu'on fasse son lit avant de sortir de sa chambre; ou qu'au moins on le recouvre honnêtement et de telle manière qu'il paraisse comme s'il était fait.

3. Il ne faut pas laisser les linges de nuit sur quelque siège; mais il faut les plier et les serrer dans le lieu où l'on a coutume de les mettre.

4. Après votre lever, quand vous avez pourvu à tout ce que la décence et la propreté exigent, faites la prière du matin, à genoux, les mains jointes, les yeux baissés, avec attention et recueillement. Les enfants ne doivent pas aller se coucher qu'ils n'aient été auparavant saluer leur père et leur mère, et qu'ils ne leur aient souhaité le bonsoir.

5. Comme on doit se lever avec beaucoup de modestie, on doit aussi se coucher d'une manière chrétienne. Quand vous vous mettez au lit, occupez-vous de quelque pensée pieuse, prenez alors de l'eau bénite, faites-en aspersion sur votre lit et faites le signe de la croix.

6. Il n'est pas honnête de parler lorsqu'on est couché, le lit n'étant fait que pour se reposer.

Aussitôt qu'on y est, il faut se disposer à dormir après avoir recommandé son âme à Dieu, à la Sainte Vierge, à l'Ange Gardien, et au Saint dont on porte le nom.

7. Si vous vous éveillez la nuit faites quelque courte prière.

Manière de se comporter dans l'Église.

1. N'entrez pas dans l'Église comme dans un lieu indifférent ; souvenez-vous que c'est la maison de Dieu. Quand vous en approchez, commencez à vous recueillir : gardez-vous bien d'y entrer d'une manière évaporée, en riant ou en parlant.

2. S'il y a grande foule à la porte attendez un peu de temps, sans vous presser, plutôt que de commettre quelque irrévérence.

Découvrez-vous avant que d'entrer, et prenez dévotement de l'eau bénite ; faites le signe de la croix sans précipitation.

3. Il n'est jamais permis de parler dans l'Église, sans une véritable nécessité ; c'est une grande immodestie de tourner le dos à l'autel pour regarder ce qu'on fait à la porte.

4. Il faut écouter attentivement la parole de Dieu, et éviter absolument de dormir pendant le sermon ou le prône. Il ne convient pas de cracher et de se moucher pendant le discours, ni de se lever sur ses pieds ou sur sa chaise pour considérer l'auditoire.

5. Quand vous êtes en prières, éviter de tourner la tête à droite et à gauche ; mais ayez un maintien qui annonce que vous êtes en présence de Dieu, devant lequel vous ne sauriez être avec assez de respect et d'humilité.

6. Il faut bien se garder, lorsqu'on est à genoux, de croiser ses pieds ; on ne doit pas non plus les serrer ni les trop écarter. Il ne convient pas alors de s'asseoir sur ses talons ; c'est une irrévérence envers Dieu et envers les hommes.

7. Il ne convient pas de sortir de l'Église avant que le prêtre qui a célébré la messe soit entré dans la sacristie : et, si c'est après vêpres, avant que l'office soit entièrement terminé.

N'oubliez pas en sortant de prendre encore de l'eau bénite, et de faire le signe de la croix dévotement.

Conduite des enfants envers leurs parents.

1. Montrez votre soumission à vos parents, par une prompte obéissance, en faisant de bon cœur et avec joie ce qu'ils vous commandent. Ne murmurez jamais; gardez-vous de leur résister : vous seriez bien coupables.

2. Si vos pères et mères sont malades, soignez-les selon votre âge et vos moyens, par les soins les plus assidus. Les parents tiennent sur la terre la place de Dieu à l'égard des enfants.

3. Si l'esprit de votre père s'affaiblit, sachez le supporter, et n'allez pas, fier de l'avantage de votre raison, le traiter avec moins de respect : car la charité dont on use envers son père ne sera pas mise en oubli.

Vous serez également récompensé pour avoir supporté les défauts de votre mère.

PRIÈRE A NOTRE-DAME DE MONTSERRAT.

Pour en obtenir toutes sortes de consolations.

NOTRE-DAME de Montserrat, que votre miséricorde est douce t votre charité libérale envers tous ceux qui invoquent votre saint nom! Mère d'amour, guérissez toutes mes infirmités, tant spirituelles que corporelles, faites cesser la douleur et l'amertume de mon cœur; du haut de votre gloire, souvenez-vous de moi, Reine des reines, j'ai mis mon espérance en vous. Vous êtes notre lumière dans nos doutes, notre consolation dans nos misères, et notre refuge dans nos tentations. Je vous recommande mon corps et mon âme. Instruisez-moi, protégez-moi à haque heure et à chaque moment de la vie. Ainsi soit-il.

COMPLIMENTS

POUR LE PREMIER JOUR DE L'AN.

A UN PÈRE ET A UNE MÈRE.

O vous que je chéris et chérirai toujours,
Auteurs de ma naissance, appui de tous mes jours;
Vous dont les soins constants dirigent mon jeune âge,
Et lui font des vertus faire l'apprentissage,
Recevez en ce jour les souhaits de mon cœur
Pour que ce nouvel an soit un an de bonheur,
Et que les cieux, touchés de ma sainte prière,
Vous conservent long-temps ô mon père, ô ma mère.

A UN PÈRE.

Au nouvel an, chacun sans qu'il y pense,
Paraît s'aimer avec la même ardeur;
Mais, à mon âge, âge de l'innocence,
La bouche est seule interprête du cœur.
Oui vous chérir, papa, c'est ma richesse,
Vous le prouver, mon plaisir le plus doux;
Je mets en vous mes désirs, ma tendresse :
Tout mon bonheur, mon univers, c'est vous.

A UNE MÈRE.

Du froid janvier voici la renaissance;
Mais l'an qui meurt ou l'an qui rajeunit
Pour toi, maman, n'a pas de différence :
Tu es aimée quand il finit,
Tu es aimée quand il commence.

A UN AIEUL OU A UNE AIEULE.

O vous dont les soins généreux
Sont pour moi les soins d'un bon père (*ou* d'une mère),
Vous qu'il m'est doux d'aimer et de nommer mon père (*ou* ma mère),
Agréez mes plus tendres vœux!
Je voudrais vainement vous offrir en hommage
Tout ce que des mortels rend le destin heureux :
Un cœur est le seul bien qu'on possède à mon âge,
Et puis-je vous offrir le mien
Sans vous faire présent de votre propre bien?

TABLE

DES CHIFFRES ARABES ET ROMAINS.

ARABES.		*ROMAINS.*
1	Un	I.
2	Deux	II.
3	Trois	III.
4	Quatre	IV.
5	Cinq	V.
6	Six	VI.
7	Sept	VII.
8	Huit	VIII.
9	Neuf	IX.
10	Dix	X.
11	Onze	XI.
12	Douze	XII.
13	Treize	XIII.
14	Quatorze	XIV.
15	Quinze	XV.
16	Seize	XVI.
17	Dix-sept	XVII.
18	Dix-huit	XVIII.
19	Dix-neuf	XIX.
20	Vingt	XX.
30	Trente	XXX.
40	Quarante	XL.
50	Cinquante	L.

60	Soixante	LX.
70	Soixante-dix	LXX.
80	Quatre-vingts	LXXX.
90	Quatre-vingt-dix	XC.
100	Cent	C.
110	Cent dix	CX.
120	Cent vingt	CXX.
130	Cent trente	CXXX.
140	Cent quarante	CXL.
150	Cent cinquante	CL.
160	Cent soixante	CLX.
170	Cent soixante-dix	CLXX.
180	Cent quatre-vingts	CLXXX.
190	Cent quatre-vingt-dix	CXC.
200	Deux cents	CC.
300	Trois cents	CCC.
400	Quatre cents	CCCC *ou* CD.
500	Cinq cents	D.
1000	Mille	M. *ou* CIↃ.

PETITE TABLE DE MULTIPLICATION.

2	fois	2	font	4	3	fois	3	font	9
2	fois	3	font	6	4	fois	4	font	16
2	fois	4	font	8	5	fois	5	font	25
2	fois	5	font	10	6	fois	6	font	36
2	fois	6	font	12	7	fois	7	font	49
2	fois	7	font	14	8	fois	8	font	64
2	fois	8	font	16	9	fois	9	font	81
2	fois	9	font	18	10	fois	10	font	100
2	fois	10	font	20	11	fois	11	font	121
2	fois	11	font	22	12	fois	12	font	144
2	fois	12	font	24	13	fois	13	font	169

www.ingramcontent.com/pod-product-compliance
Ingram Content Group UK Ltd.
Pitfield, Milton Keynes, MK11 3LW, UK
UKHW021228230726
13926UKWH00003B/1306